陈孔立 著

走近两岸

厦门大学出版社
XIAMEN UNIVERSITY PRESS
国家一级出版社
全国百佳图书出版单位

走近两岸——

告诉你台湾人在想什么

陈孔立老师早前来函，嘱我为他即将出版的回忆录《走近两岸》写序。这是老师布置的作业，必须认真面对，勉力完成。

"走近两岸"的书名立意深邃，是"走近"而不是"走进"，这一字之别，道出了两岸关系客观存在差异的现实。学界中那种信步走进，顺手拈来的做派，并非科学的态度。悉知两岸分隔六十多年，实施两种不同的社会制度，价值体制、政治制度、经济制度、文化思想观念多有不同，甚至悬殊，有明显的落差。台湾研究及两岸关系研究，是一门新兴的学科，而两岸最终的政治整合，仍需循序渐进，稳步前行，还需要经过漫长的历史过程，走近两岸的意义在于增加彼此之间的沟通和了解，也只有这样的走近，才能促使两岸在各个方面、各个领域的"走近"。

老师在前言中说："二十多年来的两岸交往，有很多事情值得回忆"，该书"只是就个人的点滴记忆，试图为这一段历史留下片断的见证"。

以第一人称的回顾和记忆，对往事的脉络梳理，固然难以完整展示一个大时代的历史画卷，但《走近两岸》仍具有类似"口述历史"的重要史料价值。

仔细拜读老师的书稿，对老师惊人的记忆力赞叹不已。这部书稿面世的意义，其实已超过个人点滴记忆的范畴。它是一位过往近三十年间两岸关系发展互动参与者与见证者的历史记录，也是厦门大学台湾研究所（院）三十年成长的大事记不可或缺的资料文献。

两岸关系于 1979 年进入了一个新的发展阶段，这是厦门大学台湾研究所应运而生的时代背景。其发展从无到有，从小到大，从单一领域、方向的学术研究，到构建了"台湾学"的理论框架，乃至于成为海内外及两岸备受重视的学术重镇，陈孔立老师以及先后出任台湾研究所所长的几位先生付出了心血，作出了卓越而有成效的贡献。

诚如老师在书中指出的，"历史地、全面地、实事求是地认识台湾"作为重要的指导思想，带领着厦大台湾研究所走出幼年时期，逐步向前迈进。而作为台湾问题专业的学术研究机构，它不可能是纯书斋式的，或者训诂学式的研究，必须与现实紧密结合，在研究过程中，不断突破思想禁区，勇于思考，勇于实践，以"走出去，请进来"的形式，展开各种形式的学术交流。

《走近两岸》的第一部分，侧重于老师个人以及所在的厦大台湾研究所，在过去三十年间，与台湾各界人士，尤其是学术界人士交流的记录，这样的交流，从个案的积累，到深层次的接触，从学术交流，到无所不谈的对话、沟通，内容翔实而丰富，从老师在书稿中的回顾和记忆，我们都能切身感受和体会到，三十多年来的两岸关系交流和交往，何其艰辛，来之不易。

这部分内容给我留下深刻印象，主要有三点：

1."历史地、全面地、实事求是地认识台湾"，是一个需要不断克服和排除传统观念或极"左"思潮的过程，也是一个不断探索化解矛盾、解决问题、发现规律、理论归纳的过程。老师在这个章节中记录的点点滴滴，字里行间给我们提供了很多具体个案的曲折迂回，这种不断克服、不断排除、不断探索的过程，也是坚持真理、修正错误的过程。

2. 与其他学科研究不一样的是，台湾问题或两岸关系问题的研究，不能只是拘泥于政策研究或学术研究，它或许需要更侧重于差异性研究。政治心理探索，或如老师所强调的"同情的理解"，是正视和解决差异性问题的必然路径。两岸关系研究，实际上也是一个"求大同，存大异"的研究和探索过程，深入研究两岸社会制度、政治制度、经济制度和文化思想等方面的差异性，研究造成差异性的各种原因，才能真正了解彼此，正确认识彼此，逐步克服差异性，寻找共同性，或促使达成共识的必要前提。

3. 作为台湾问题的研究者，需要始终保持作为研究者的客观、冷静、公正的观察视角和立场，也需要努力争取自己的话语权和话语空间。但更重要的是，在和台湾社会各界的接触、交往过程中，不主张采取居高临下、盛气凌人的立场，不主张动辄板起脸孔，动辄教训对方的态度，交朋友，交知心朋友，即使是"言相近，道相远"，或者可以想见的言语不合，政见迥异，也应该采取平和的心态面对，两岸交流互动，需要努力培植"用心交往，用心倾听"的观念和意识，只有这样，才能真正做到求真求实，才能听到真实的声音，才能逐步把握台湾社会真正的脉络。老师很早就鼓励自己的同事和学生，在台湾研究过程中，要"学会用台湾人的眼睛去观察，用台湾人的心情去感受，才能做到真正了解台湾，了解台湾人在想什么"，这就是同理心，就是研究者必须拥有的"换位思考"。我确信，这也是厦门大学台湾研究所（院）之所以被誉为中国大陆的台湾研究学术重镇，或被视为是已经树立和打造"南派"品牌和研究风格的主要原因之一。

必须强调指出的是，在长达数十年的台湾历史与现状的研究过程中，老师在理论框架和研究方法创新方面，也有颇多学术以及思想观点的建树。除了首创"台湾学"的学科研究理论之外，值得一提的还有，他对两岸客观存在的政治文化差异性、政治心理状态的重视与研究，在《走近两岸》中，我们可以从不同的章节中，看到一位研究者在这方面的严谨绵密的思想轨迹。

《走近两岸》专门辟了一个章节，记录和回忆了老师本人以及他的研究团队与民进党的交往。从时间段来看，它跨越了台湾党外运动时期，民进党建党初期，"在野"和"执政"时期。这个章节中，我们可以发现，老师和他的研究团队与民进党人的交往，接触面相当之广，对话沟通的层级之高、之深，均有作为台湾研究重要的参考资料的文献价值。我们也看到，老师及其研究团队，与民进党交往互动的对象，涵盖了民进党不同派系、不同时期的代表性人物。我们还发现，老师在和民进党人的接触对话和沟通过程中，并不回避双方存在政治立场和思想观念的歧异，但"彼此都能坦诚相待"，在现时大陆特殊的政治氛围之下，并非容易达致。这种既坚持自身的原则立场，又能和政治立场歧异的民进党人接触交往，已成为厦门大学台湾研究院的一种独特优势，也是在老师多年来的鼓励和身体力行之下，一种值得肯定的精神传承。也只有这样，对民进党以及台湾其他政治势力的研究，才能更加深入，也才能得出接近客观实际的研究结论。

如果说《走近两岸》的前两个章节，是不可多得的台湾研究和两岸关系问题研究的文献资料的话，则第三部分是老师研究台湾问题及两岸关系问题研究思想和成果殊为难得的集大成，也是过往三十年间，老师研究思想最新的一次归纳和总结。

老师在前言中指出，自己在学术研究上"喜好不同"，这种"喜好不同"，和坊间那些急功近利式的哗众取宠、标新立异现象截然不同。老师在台湾研究以及两岸关系领域的学术研究上的"喜好不同"，其实也具有强烈的针对性，也是众所周知，不言而喻的。

受限于特定的政治话语体系和情境，长时期以来，台湾研究以及两岸关系问题研究，存在着若干习惯性思维，也存在着诸多既定的思考模式和研究框架，这些惯性思维和一成不变的思考模式、研究框架，并没有随着台湾内部政治生态及两岸关系的发展变化，而作出与时俱进的调适，过往的一些经验教训记忆犹新。

台湾研究或两岸关系问题的研究，既有历史发展变化的一般规律，也具有充满不确定因素动态过程的特点。老师的"喜好不同"，所秉持的是科学、客观、实事求是的认知，遵循的是认识研究事物的一般规律，但并不拘泥于定见，也不受长官意志的羁绊，实事求是是"喜好不同"的基本点，也是"唯实，不唯书，不唯上"精神的具体体现。

"喜好不同"，不仅是对不同意见的重视，也是对自己的研究过程努力争取"独到见解"的坚持。这种"独到见解"，就不是人云亦云，也不是政策解读，更不是照搬照抄，而是持之有据，言之成理，是建立在实事求是基础之上的一家之言。这么多年来，老师不仅这样要求自己的学生，同时也做出了表率。在老师数十年的研究教学生涯中，善于学习，善于思考，善于借鉴其他学科的研究方法，使得老师在台湾研究领域里，成果累累，且时有让人耳目一新、豁然开朗的惊喜，如博弈论在两岸关系研究的运用，如文化人类学领域里"同情的理解"对台湾社会政治心态的政治文化的探讨，如创设本土化模式，对台湾内部政治生态变化发展的研究，而这一切，在本书的第三部分，都有详尽的铺陈和展开。鼓励不同意见，鼓励创新思维，正是老师一以贯之"喜好不同"的认知态度。"活到老，学到老"，老师在这方面是我们的楷模。这本书的面世，也是对后学晚辈终身学习，永不怠惰的一种激励和鞭策。

学术研究，尤其是台湾研究领域里，力求达到"求真务实，超前研究"，诚如老师在"前言"中引述章念驰教授的话说"不但会有风浪而且会有孤独"，甚至于必须承受一些可以想见的政治压力和风险。但老师历来采取了坦然面对，并引以为乐的豁达态度。而对于自己研究预测的舛误，老师并没有采取回避的态度，他依然采取了坦然面对的态度。这一种坦然，就是坚持真理，修正错误的体现，也只有这样的科学态度和认知，才能体现思想者的睿智和虚怀若谷的胸襟，值得我们后学晚辈认真学习。

这是一位智者在过往三十年间用心感受，用心倾听台湾社会各界声音的心路历程记录，在两岸关系进入新的发展阶段的当下，求真求实，超前研究，鼓励创新思维，突破政治瓶颈，为两岸关系最终实现的政治整合提供更多智者的意见与建言，似乎也是当务之急。老师为我们树立了榜样，做出了表率。我衷心期待有更多的读者可以从这一部书稿，以及老师其他学术著述中获得更多的启迪。

早些年，在和老师的一番交谈中，曾向老师建言，尽量减轻繁重的教学科研工作，以为到了老师这样的阅历和境界，应该是少写长文，多出思想的时候了。老师确实很认真采纳了我的建言。当然，他不仅继续传授知识，指导博士生研究写作，承担繁重的科研任务，同时也经常发表对台湾时局和两岸关系的真知灼见。他年届八旬，至今依然笔耕不辍，其勤奋，其好学，其思想智慧的闪光，令人敬重和景仰。敬重景仰老师的，并不仅限于中国大陆，甚至于也是海峡对岸各界人士的一致共识。

不久前，台湾大学某研究所两位教授率领研究团队登陆访问交流，这两位分属于不同政党背景的大学教授，赠送老师一只台湾特有的交趾烧花瓶。花瓶上端端正正书写四个大字：望重两岸。

望重两岸，这四个字，老师当之无愧。

是为序。

杨锦麟

写于走读台湾途中

2010 年 5 月 25 日

　　对于绝大多数大陆人来说，自从开放大陆居民赴台旅游以后，走进台湾已不是太困难的事情了。但是，对于学者专家来说，仅仅走马观花是不够的，要走到台湾政治和社会现象背后，特别是走进台湾人的内心深处，并不是一件容易的事情。陈孔立教授这本工作回忆录性质的小书，表面上朴实无华，甚至从结构上看起来有点琐碎，却真实地记录了一位年届八十的资深台湾研究专家曾经走过的对台交流交往之路。因为没有作什么修饰，读者可以看到不少"原汁原味"的信息。

　　陈孔立教授是一位勇敢的、敢于说出自己真实想法的知识分子。从对台交流初期开始，他就注意接触不同政见的台湾人士，与他们坦诚交往，倾听他们的意见。"善于倾听"是一位负责任的台湾研究学者的基本功，研究者要学会尊重自己的研究对象，当然，这需要有过人的涵养，也要有坚定的自信心。陈孔立教授是厦门大学台湾研究团队的楷模，他的身体力行也奠定了厦门大学台湾研究院独有的研究风气。正因为有机会全面接触台湾各界人士，我们的研究团队可以比较无障碍地与最困难的沟通对象交流对话，得到更多非常珍贵的研究素材和工作经验。如果说厦门大学的台湾研究有点特色或个性，我想与这些独特的经验有关。

　　本人长期以来受到陈孔立教授的指导，与他合作，也与他辩论。我可以感受到他是一位充满着求知、求真、求实精神，而且洋溢着人文精神的知识分子。他主张对台湾人要有"同情的理解"，并一再强调将心比心，换位思考，从而找到问题的答案，这种精神在争取和平解决两岸分歧的过程中是必备的。他是个彬彬有礼的学者，却也是个有原则的人，在维护两岸同属一个中国这一立场上从不含糊，相信读者不难从他的笔触中发现他对国家和民族的态度。

他是一位充满问题意识且又虚怀若谷的书生。他在书中说："我在学术研究上'喜好不同'，对于不同的意见十分重视，如果我能够证实这些意见是正确的，我就必须改变自己的看法；如果我能证明这些意见是错误的，我的研究就会有独到的见解。"他是目前研究院最资深的教授，而且是我的师长辈，我和他共事已经21年，我们从来没有因为对问题的分析或判断分歧而"红过脸"。相反，如果哪位研究人员的文章人云亦云，他会如鲠在喉，不吐不快。他的确是位"喜好不同"，且始终如一的人。

我们要感谢陈孔立教授，因为他的勤快和细心，人们可以分享这位海内外知名台湾研究专家的涉台往事和心路历程。虽然不是一部宏大的著作，却可以让我们在很短的时间内看到了一个宏大的两岸视野。读者心灵上的感动往往就在作者看似平淡的描述之间迸发，正可谓：于细微处见精神。

厦门大学台湾研究院院长　刘国深

2010 年 6 月 9 日

这是我与台湾学者交往的回忆，也是我研究两岸关系问题的"历史记忆"。

我从1962年开始研究台湾历史，"文革"期间曾经中断，但1974年又恢复了研究。1980年厦门大学台湾研究所成立时，我并未立即成为正式的成员，但已开始以兼职人员身份参加研究。当年我发表的《台湾历史故事（反侵略篇）》这本小册子是本所最早的出版物。我对两岸关系的研究是从两岸开放之后开始的，当然在这之前，已经与一些台湾学者有所接触。

20多年来的两岸交往，有很多事情值得回忆，在这里，只是就个人的点滴记忆，试图为这一段历史留下片断的见证。

应当说明的是，由于是个人的记忆，用的是第一人称，以我为主，而很少涉及共同参与的本院其他成员，因为他们的经历与感受，应当由他们自己说，我不宜越俎代庖。

本书第一部分记述从1986年至今我们与台湾各界人士（主要是学界）交流的情况，重点是台湾方面对两岸关系的看法，我一贯希望能够直接了解各个时期台湾民众的心态。我始终认为研究台湾政治与两岸关系，不能只从政治层次研究，而且必须深入到心理层次。两岸之间的问题不是争个谁对谁错就可以解决的，思想与情感问题至关重要。

第二部分记述了我们与民进党人的交往，从"党外"时期直到现在。民进党作为台湾本土的政党，它已经存在，而且必然继续存在，作为台湾政坛的一支重要力量，理应成为我们研究的重点对象之一。在交往过程中，尽管我们在政治上存在很大的歧见，但彼此都能坦诚相待，增进了相互了解。我很高兴看到本院的年青一代研究人员能够继续与民进党人保持良好的交往关系，相信在这个方面的研究必将比前人更加深入。

第三部分则记述我在两岸关系研究过程中，与一些同行学者不同的看法，这些不同看法有的已经得到解决，有的至今尚未解决，提出来的目的，希望能够引起学术界的争议与讨论。我在学术研究上"喜好不同"，对于不同的意见十分重视，如果我能够证实这些意见是正确的，我就必须改变自己的看法；如果我能证明这些意见是错误的，我的研究就会有独到的见解。章念驰教授指出："求真务实，超前研究，不但会有风浪而且会有孤独"，我也颇有同感。我也像他一样，坦然面对，并引以为乐。这是我在教学与研究的过程中的一点心得，愿意提出来与年轻朋友分享。

陈孔立

2010 年 3 月 23 日

走近两岸

001

004

第二篇　绿色神主牌：民进党人印象

走近两岸

第一篇

同情的理解：

政治心理探索

走出去交流

1979 年 1 月 1 日全国人大常委会发表《告台湾同胞书》，标志着两岸关系进入新的时期。与此同时，中央开始考虑设立专门的台湾研究机构。经过中央对台领导部门的调查，发现厦门大学有十几位专家已在研究台湾历史与经济，他们与教育部、福建省委商量，打算把全国第一个台湾研究所设在厦门大学，并报送中央对台领导小组组长邓颖超批示。

1980 年 7 月厦门大学台湾研究所正式成立，由历史系教授陈碧笙与经济系教授袁镇岳担任所长，朱天顺、陈在正、罗郁聪担任副所长，编制 20 人。1981 年 9 月福建省另给编制 20 人。此外还聘请了一些学者作为兼职研究人员。当时主要是从事历史、经济方面的研究，虽然开始与一些旅居海外的台湾学者接触，但还没有与台湾岛内的学者直接交流。

1985 年陈碧笙、陈在正（时任所长）前往香港参加有关台湾历史的国际学术会议，开始与台湾史学界交流，认识了陈捷先、陈三井、许雪姬等学者，后来与其中的几位保持着联系。1986 年陈在正、陈孔立等前往芝加哥参加第二届"台湾研究国际研讨会"，这次会议涉及文学、人类学、社会学、生态环境、政治经济、历史、妇女问题等领域，交流的范围更广了。

在这次会议上，我们认识了许多从台湾来的学者和旅居美国的台湾学者，其中有陈千武、张国龙、陈忠信、吕秀莲、陈永兴、陈清池、陈巨擘、黄树民、黄默、蔡文辉、李哲夫等人，彼此都很客气。当有人介绍我们是来自厦门大学台湾研究所的学者时，有的台湾学者便主动地过来和我们握手，他们说："你们是研究学术的。"当我们和他们交换名片时，从台湾来的学者一般都说没有带来。后来我才知道，当年他们和我们来往还有不少顾虑，主要是怕情治系统找麻烦。有人告诉我，在会场上就有特务。

那时候，两岸直接的交往还没有开始，彼此都很生疏，缺乏最起码的相互了解，甚至还有不少敌意。但是，交谈之中，可以发现，大家都有着和平相处的愿望，希望彼此都能生活得更美好、更进步、更幸福，因为两岸人民毕竟是同胞。

当时，被台湾当局通缉的"台独"分子史明也来了，台湾学者都不敢和他接触。有人对我说："你们的史明来了。"我起初有些茫然，很快便领会到了，原来他指的是史明曾经参加过八路军。史明是我的"老相识"，我知道他1942年在日本早稻田大学毕业以后，就回中国参加抗日，曾经是革命队伍中的一员，可是后来他却走上了"台独"的道路，我写的几篇论文就是批判他的。我们当然不怕和他接触，看他一个人

1986年作者在联合国大厦前

孤单地坐在那里，我们便主动地过去找他。我们告诉他，读过他写的《台湾人四百年史》。接着谈到他当时的情况，他用闽南话说："我没有'牵手'（指妻子）也没有儿子。现在68岁了，一个人在日本开一家面食店，除了自己的生活费用以外，剩下的钱全部用于革命。"他把"台独"当作"革命"，当作自己的事业。我问他，"台独"有前途吗？他回答说，有，主要依靠工农阶级。我说，现在台湾农民不会有革命的意愿。他说，是的，主要看工人。我说，台湾工人受国民党的控制很厉害。他说，是的，我主要依靠流动性强的工人，如汽车司机、火车司机等等。我看他是明知无望而在那里硬撑着，看到他那老迈孤独的身影，我感到他既可怜，又可悲，因为他选上了一条必然失败的道路。

我们还认识了几位"党外"人士，后来大都成为民进党的成员。陈忠信、陈永兴、吕秀莲，还有台大教授张国龙（后来成为民进党人、台北县长尤清的机要秘书）。

张国龙热衷于反核，他要我们大陆知识分子起来反对中国政府建立核电厂。我想，偌大的中国还没有一座核电厂，我们怎么能反呢？反核也不能脱离实际。张国龙还对我们说，你们开放以后，经济会有快速的发展，但政治的改革则要花很大的力气。

走出去，与台湾学者面对面交流，会发现一些共识，也发现许多差异。两岸要走到一起，需要相当长的过程。从美国回来以后，我的老师熊德基教授问我出国的主要感受是什么？我说，最深的感触是："'文化大革命'对中国造成的伤害是无可估量的。"与美国乃至香港相比，中国大陆在经济上要落后好几十年。所以我对张国龙所说的"快速发展"表示怀疑，认为他过分乐观，没想到后来的实践证明他的预见却是正确的。

"少谈政治"

1987年9月，台湾《自立晚报》记者李永得、徐璐在台湾当局还没有宣布允许民众前来大陆的情况下，抢先进入大陆采

1987年9月《自立晚报》记者李永得、徐璐来访

访。这在当时是震惊海峡两岸的一个事件。25日，他们来到本所，有十几位学者和他们交谈。那时候，国台办还没有成立，这是第一次接待台湾来访者，似乎有很多人都在管这件事，也来了不少人。"上面"交代我们只谈一般问题，少谈政治问题。这对我们来说倒是一个难题，专门研究台湾的机构，不谈台湾当前的政治，人家将会怎么看待我们？

　　一见面，我就问他们："羊子乔先生是不是还在贵报？"徐璐感觉奇怪，问我怎么认识他的。我说，去年我们在芝加哥开会时认识的。又问到陈忠信，徐璐说是她的好朋友。还谈到我们认识的一些台湾学者，陈千武、许文雄（许达然）、王崧兴、陈其南，他们也都认识。这样，双方似乎靠近了一点，谈起来就比较轻松了。

他们仔细地询问了本所的情况，以及本所与北京的中国社会科学院台湾研究所有什么分工，大陆有多少研究台湾问题的学者，台湾方面的资料是通过什么渠道购买的，等等。我们还把本所1980—1986年论著目录复印给他们。他们表示台湾学者也迫切希望两岸交流，希望这个愿望能够早日实现。

朱天顺教授是台湾人，当时正在编写《台湾地名词典》，他提出一些地名沿革问题请教台湾的乡亲，可是他们并不清楚；有的教授如数家珍地讲到台湾和大陆各自拥有的有关台湾的档案资料，这就给他们留下一个印象："厦门大学台湾研究所对台湾历史了如指掌。"

他们询问我们对民进党的看法、对蒋经国所说"我也是台湾人"的看法以及对"住民自决"、"台湾意识"的看法等等，我们做了简要的回答。由于"少谈政治"问题，给他们留下"现况认识不足"的印象。

在本所的阳台上，我们请两位记者用望远镜观看大担岛和二担岛，他们发现原来靠得如此之近，问道：能游得过去吗？他们参观了我们的资料室，看到有《八十年代》杂志，徐璐说："这里面有我写的文章。"他们还看到《自立晚报》上他们二人"大陆行"的新闻和照片，他们说："我们自己还没有看见过。"我们特地放了前一天的录像：台湾"新闻局长"邵玉铭表示，因为他们两人前来大陆，要对《自立晚报》"依法处理"。看了以后，我们只能苦笑相对，李永得无奈地说："我们反正已经违法了，就等

2007年邵玉铭教授来访

着处罚吧。"

整个交谈过程气氛融洽，轻松，愉快，双方都感到有很多话可谈。两位记者说，这是他们到大陆来最高兴、最快乐的一天。

他们回到台湾以后，写了文章，作了演讲，对我们研究所做了比较客观的介绍，说我们对台湾的研究相当有系统，学风比较开放，对静态的研究相当深入，但资料收集比较困难，对动态的研究显得不足。这确实说到了要害，此后，我们也加强了对现实的研究。

2009 年厦门市政府代表团访问高雄时，李永得是高雄市副市长，他对厦门市副市长黄菱说，20 多年前他来过厦门，还记得陈孔立。当时他答应要来厦门访问，后来没有成行。

"文到人不到"

在李永得、徐璐来访之后，我接到王崧兴教授的来信，他说，随着两岸的开放，他们的"浊大计划"拓展到闽南地区的构想不久当可实现，他们希望能够前来福建南靖、漳浦等地采访研究。所谓"浊大计划"是 70 年代以张光直院士为首组织对台湾浊水溪、大甲溪流域进行社会调查的一个综合性研究项目，负责具体计划的就是王崧兴。他认为要了解台湾史，不研究闽南是不行的。因此想与我们开展合作研究。我表示愿意参与并支持这项工作，但当时未能实现。

到了 1988 年初，我们接到从香港转来的台北"台湾史研究会"的邀请信，要求派员前往台北参加该会主办的"第一次台湾史学术讨论会"。所里决定派我去。我连忙赶写一篇论文。那时我还没有开始用电脑，只能用多年不用的繁体字抄写了一遍，寄给香港的联络人转送台北。申请赴台的手续经过学校上报国家教委，然后不知道转到哪一级也不知道是哪一位领导批准我去台湾，不久终于得到通知："可以去了。"那时，还没有一位大陆学者到过台湾，我想，我是第一个去"敲门"的，抱着"试试看"

的心情出发了。

1月27日，我由旅港校友张景奎陪同，到华侨旅运社询问办理入台事宜。接待的小姐一下子愣住了，只好找主管来见我。他告诉我，他们只受权办理在自由地区居住五年以上者的入台手续，他问我来香港多久了，我说昨天刚来。他说，你的情况我们无权受理。我知道他也无能为力，就不再难为他了。

我马上打电话给台北，台湾史研究会秘书处主任王永告诉我，尹章义教授刚才来过，他知道我已经到了香港，向我表示欢迎。我告诉他，申请入台发生困难，并且代表厦门大学台湾研究所预祝大会成功。他告诉我，我的论文已经传真到台北，并安排在会上宣读。会后，王晓波理事长就会到香港和我会面。

见到新华社香港分社台湾工作部黄文放部长时，他就说估计是很难成行的。他还问我，带了多少钱去？我说，我只有来回旅费。他说，那怎么行，如果去得成，我还要给你钱啦。

回到旅馆，接到厦门大学老校友沈棣先的电话，约我在另一位校友陈德宇的办公室里见面。他一开口就说："你好大的胆子，报纸登了你要去台湾，现在你背后就会有特务跟着。"老校友的关怀，使我深受感动。我说，既然准备去，就管不了这些了。不过，他的话也使我提高了警惕，事实证明，在日后的交流中，此类事是经常发生的，我们也习以为常了。

虽然不能出席会议，但我的论文已经由王晓波教授代为宣读，台湾报纸以"陈孔立文到人不到，台海学术首开交流"为标题作了报道。日本共同社也报道说，中国大陆学者向台湾举行的学术会议提交论文"这是第一次"，并且指出："这种动向值得关注。"

后来我得到了论文宣读和讨论的录音带，应当感谢王晓波教授，他简明扼要地介绍了我的基本观点。这篇论文的评论员是尹章义教授，他是一位富有批判性的学者，为了评论我的论文，从晚上9点钟一直写到早晨6点半，这种认真的精神实在令我感动。尹教授把我、连带地把台湾学者李国祁、陈其南两位教授一起批判，并提出了自己的见解。他请我不必介意。其实，学术讨论就应当开门见山，提出不同看法进行争论。不过，由于不能出席会议，正如会议主席所说的，我是处在"缺席审判"的地位，无法亲自进行答辩。有几位学者替我说了一些话，整个下午围绕着这篇论文进行讨论，有不少精辟的见解使我获益匪浅。

2月2日，王晓波来到香港。他说，他们因为我不能入境而向当局提出抗议，他们还准备组团来大陆访问，要和我们就未来两岸学术交流交换意见。我想，尽管这次学术交流未能实现，只能算是一次"只完成一半的学术交流"，但是总算第一次在台湾发表了论文，有了一个开头，相信不久以后，就会有面对面交流的机会。

闽南小台湾

1988年6月底，香港大学亚洲研究中心和美国亚洲学会台湾研究委员会联合举办"台湾经济、历史、文学与文化国际研讨会"，有美国、加拿大、澳大利亚、德国等国以及中国的台湾、香港、北京、福州等地的学者参加，也邀请我们所里四位学者到会。这次从台湾来的学者并不多，魏萼教授是唯一发表论文的学者。我们是初次见面，互相交换名片时，我对他说："久仰了，我正要找你，你提出了'闽南小台湾'的主张，我很感兴趣。"他起初很严肃，表明自己是国民党员，似乎和我们有些敌意，这在两岸分隔几十年后的交流初期是一种相当正常的现象。

我问他原籍在什么地方？他说："我是漳州人。"我说："我的太太也是漳州人。"他问我："你是什么地方人？"我说："我是福州人。"他说："我的太太也是福州人。"居然有这么凑巧的事。他的房间就在本所青年研究人员邓孔昭房间的隔壁，两人共用一个卫生间。有一天，他突然闹肚子，痛得厉害，孔昭给他一瓶藿香正气水，很快就见效了。后来，经过交谈，彼此发现还是可以沟通的。在会议过程中，我们经常在一起交换意见。他告诉我，外国人看到国民党和共产党这么亲近，都觉得有些奇怪。他们不知道，我们正在讨论一个重要问题，而且觉得在会议期间还谈得不够，双方同意在会后继续谈。

会后，由香港《潮流月刊》社总编辑丁望主持，邀请香港中文大学的乔健、朱立教授，台湾的魏萼教授同我和韩清海副所长一同讨论"福建对外经济开放政策与港台关系"。我表示读过魏萼写的两篇文章，他提议在闽南开设"小台湾"特区，鼓励台商投资，实行"一陆两制"，值得我们关注。但他对福建的情况还缺乏了解，提出了一些当时还无法做到的事。我们也谈到了法律、仲裁、股票上市、土地政策、环保等问题。我提出，两岸互动的任何设想都要对整个中华民族有利，要暂时避开双方感到为难的问题，要具体、可行。韩清海介绍了福建对外经济开放的情况与政策，魏萼谈了可供闽南借鉴的"台湾经验"，香港学者也提出了一些意见和建议。这次座谈实际上交换了在闽南设立台商投资特区的最初设想，也提出了不少需要解决的难题，开放初期正需要有这样的信息。尽管讨论是初步的，但总算有了一个开头。这次座谈的纪要相当详细地刊登在《潮流月刊》、《台湾时报》和在美国出版的《国际日报》上，对于让台湾和世界了解福建，起了一些积极的作用。

此后，魏教授多次前来厦门，也回到他的家乡漳州，他看到

走近两岸

PROGRAMME

International Conference on
Taiwan's Economy, History, Literature and Culture

organized by

the Centre of Asian Studies, University of Hong Kong

in association with

Committee on Taiwan Studies, Association for Asian Studies, USA

29 June - 2 July 1988

Venue: Convocation Room, 218 Main Building, University of Hong Kong

Working Languages: Putonghua and English

Centre of Asian Studies
University of Hong Kong

1988 年在香港大学举办学术会议，台湾方面有魏萼、吕秀莲等人参加

最初的一些建议被采纳并付诸实施时，感到十分兴奋和自豪。

"不是团"

1988 年 8 月王晓波组织一个"大陆台湾史研究现况考察团"，近 30 位成员前来访问，其中有尹章义、张晓春、郑梓等人，我认为他们是真正的"同行"，表示热烈欢迎。但是，那时台湾当局还不准学者组团，境管局认为他们"违背现行国策"，禁止他们出境。台史会召开记者会表示抗议，经过交涉，才准许以个人身份前来"探亲"。实际上，"考察团"还是一齐来的。他们已经印好的考察团简介成了"非法的文件"，不知道是哪一位先生出了一个高明的主意：在团名的前面加盖了"不是"两个字，这样，"团"不存在了，简介还可以用。

8月2日，按照他们的说法是，这批前来"探亲"的台湾学者，在厦门机场"不期而遇"，于是，一起参加了厦门大学台湾研究所为他们举办的"台湾史研究学术交流会"。这样，就不违背"政策"了。其实，这次交流会是早已商定由我们两家合办的，这是我们第一次和台湾的学术团体联合举办学术会议，也是海峡两岸学者在大陆举行的第一次学术交流。会后双方都出版了讨论会的论文集，我们的书名就叫"海峡两岸首次台湾史学术交流论文集"。

在这次会议上，一共发表14篇论文，其中台湾学者提交的有6篇。这次，我和尹章义正好互相交换了位置，他写的论文是《台湾开发史刍论》，我成为他的论文的评论员。我们总算有机会当面讨论一些问题，引发了一场争论。尽管双方看法不同，但各自的学术观点已经摆出来了。我发现由于理论和方法的不同，我们和台湾学者在分析研究同一个历史现象时，就会得出不尽相同的结论，甚至由于学术用语的不同，还会产生一些不

1988年王晓波、尹章义率团来访

必要的误解。可见几十年的隔绝，两岸在文化上也出现了一些差异，要开展交流，还需要进一步了解对方，没有互相了解，就不可能做好交流工作。

王晓波提交的论文是《李友邦与台湾义勇队初探》，我告诉他，我们有李友邦主编的《台湾先锋》杂志，他喜出望外，我答应复印给他们。他看到我们的《台湾文献》杂志不全，又没有《台北文献》杂志，也立刻答应给我们寄来。不仅如此，通过交流，彼此加深了了解，看到两岸学者在研究领域、研究方法、史料运用等方面各有所长，在学术上可以互相取长补短。在学术交流方面，还有很多事情可做。王晓波说，这次交流是一个开始而不是结束。我们代表全所同仁对他们在困难的条件下，努力促进两岸学术交流的积极态度与进取精神，表示尊敬与感谢。

那时我们研究所还没有自己的办公室，暂借南洋研究所的几个房间，寄人篱下，图书设备也都很缺乏。但是，我们还是请台湾朋友前来参观。这件事竟然使几位教授"感动不已"。他们说，没想到厦门大学台湾研究所的同行居然在这样艰苦的条件下"卓绝地奋斗、努力地研究，给我们最大的感动、钦佩和尊敬"。可能由于他们的呼吁，感动了我们的领导，后来我们的用房条件以及图书经费等等终于有了较大的改善。

1.7 元的"小玩意儿"

两岸开放探亲以后，大家都需要了解台湾，而当时却缺乏这方面的图书。福建人民出版社编辑、厦门大学历史系毕业的校友郑俊琰就来找我，说他正策划出版一本全面介绍台湾情况的通俗性小册子，要我主编。我想，这个主意不错，因为过去我们出版的主要是台湾历史方面的书，还没有一本全面介绍台湾的著作，为了适应读者的需要，也为了"练兵"，让我们的年轻学者更快成长，便答应了他的要求。

我自己拟出一百多个问题，分配给全所同仁撰写，然后由我修改定稿。当时大家的积极性很高，整个过程似乎在很短的时间内就完成了。但是，难题出来了，有关台湾问题的书，出版社没有把握"把关"，而当时国台办还没有成立，不知道要请哪个部门审稿。后来，范希周、杨锦麟找到中央统战部三局，涉台问题似乎归他们管，他们也答应可以帮忙。我们十分高兴，于是我和范、杨三人便前往北京"受审"。三局耿文卿局长热情地接待我们，让我们在统战部里"安营扎寨"，住在地下室的招待所里，在他们的食堂里用餐。那时三局有一位处长是范希周同届的校友，还有几位年轻人比范、杨他们更年轻，彼此互相商量，有问题很快取得共识，我们当场修改，几天工夫便完成了任务。经过他们领导的拍板，终于同意出版了。出版社也以最快的速度完成出书作业，该书定名为"今日台湾100问"，1988年5月出版，定价1.7元。

我在前言中写道：我们力求客观地反映台湾各方面的概况，希望能为大陆同胞"提供比较可靠的信息，帮助读者正确地认识台湾"。不久，有一位美国学者来访，看到这本小册子，认为它虽然不是高水平的研究著作，但对台湾社会经济的发展考虑到多个层面，做了比较复杂的分析。我把这本小册子寄给在香港的陈可焜教授，并且说，这是我们的一个"小玩意儿"。他特地为此书写了书评，他说："当我全本翻阅之后，倒觉得这本'小玩意儿'颇有意思"，"能就台湾政治、经济、社会、文化各个方面列出100个问题，进行认真研究，作出比较客观的和实事求是的解答和说明，本身就是一件有意义

厦门大学台湾研究所

今日台湾100问

福建人民出版社

的好事。书虽小，可它的意义很大"。在两岸交流初期，我们做了一件小事，得到一定的社会效益，大家都感到相当欣慰。

外界看我们

本所的前十年，处在"幼年时期"，当时的状况通过外界的评介，留下如下的记忆：

"厦门大学的台湾研究所给人一个印象，他们的研究工作着重历史性的、考据式的研究，可是，台研所的新生代，他们虽然才加入研究所一两年，他们的工作成果已经足为厦大台研所改观，给予一个清新的面貌"；"我没有把握是否在台湾岛内的每个年轻人都像他们一样，对于台湾现阶段的民主潮流有那么多的关注"。（李哲夫，1987年）

厦门大学台湾研究所"对静态研究比较深入，而对动态研究显得不足，学风比较开放"。（李永得、徐璐，1987年）

厦门大学台湾研究所"连自己的房屋都没有，而借用了南洋研究所的房子，其图书设备之不足，甚至不如一个大型的私人藏书，其预算也是从厦门大学的预算中'挤'出来的。厦大的学者能有如此之研究成就，实堪称为'一流的研究，三流的设备'。其艰苦卓绝的研究令我们钦佩，也令我们惭愧，更令我们不忍"。（王晓波，1988年）

"1980年厦门大学成立台湾研究所以后，台湾史的研究渐为学界所重视"，"明郑时期的研究，仍集中在厦门地区"，"大陆学者对郑成功的研究，已深入各角落，实值得台湾学者警惕"，"大陆研究者多集体研究，兼以新史料陆续出版，大有超越台湾学者研究成果的趋势，实不得不特别注意"。（石万寿，1989年）

"他们承担的工作相当繁重，经费则相对不足，硬体工作设施和空间更是紧张，因而多数研究人员须带着题材回到自己家中工作，但是他们的研究精神却令人钦佩，研究成果更令人激赏"。

（台湾《台湾史研究会会讯》第6—7期，1989年10月）

厦门大学"台研所在创立后十年，不仅出版专著、论文集、文选，也发行了机关刊物：《台湾研究集刊》，其成果相当可观"，"在可预见的未来，必然仍执大陆学界台湾研究的牛耳"，但也有以下缺憾：基础研究不够；论文不够精细；偏重政治、经济、文学，而对法律、学术、教育则较少研究。（许雪姬，1990年）

"厦门大学台湾研究所是大陆第一家以台湾为研究对象的学术机构"，"厦门大学及中国社会科学院所成立的台湾研究所是大陆认识台湾的两个窗口"，大陆"执台湾研究之牛耳者，仍首推社科院和厦大的两个台湾研究所"。（《大陆现场》1990年7月）

"在大陆，厦门大学台湾研究所有一本《台湾研究集刊》，每年定期出版有关台湾的研究成果，其水准虽然参差不齐，但至少代表某个阶段的研究水平，尤其在清代时期台湾历史社会方面，更有独到的贡献。"（陈秋坤，1990年）

"厦门大学台湾研究所对台湾的研究就比台湾对大陆的研究做得好。"（陈映真，1990年）

走近两岸

作者与陈映真合影

1992年台湾学者杨开煌、石之瑜、张荣恭等来访

　　《厦大台湾研究所十年有成》(《联合报》1990年)与《两岸关系权威厦大当之无愧》(《台湾时报》1990年) 分别介绍了本所十年来出版的 41 本著作，发表的 400 多篇论文，评价道：本所近年来"以当代台湾政治、经济以及两岸关系为研究重点"，"与海外尤其是与台湾学术团体、学者间的交流也日益加强"。

　　"我们在福建厦门大学还有一个台湾研究所，经常阅读台湾的报章杂志，也提供决策参考。"(台湾《中国时报》总编辑采访国家主席、中共中央对台领导小组组长杨尚昆的报道，1990 年 9 月 25 日)

　　"该所研究人员非常认真工作，深度为两岸的互相认识扮演桥梁的角色。""其所创办的《台湾研究集刊》是一本专门研究台湾的综合性学术刊物，在力求开拓性、当代性、理论性和科学性的刊物风格下，算是具有高学术价值的研究论文。"(《海峡评论》创

刊号，1991 年 1 月）

"亲访厦大台研所之后，才知道他们的人力、物力远比我想象的要贫乏得多，而政治的干预和意识形态的束缚又远比台湾的'匪情研究'和'大陆现况'来得少。厦大同仁共同执笔的《今日台湾 100 问》一书，第一问就是'台湾经济是怎样起飞的，30 多年来经历了哪几个发展阶段？'第二个问题是'台湾经济发展较快的原因何在？'接着是关于'十大建设''12 项建设''14 项建设'的问题。依当时的情况，台湾不可能如此对待大陆。"（尹章义，1991 年）

杨尚昆主席接受台湾《中国时报》采访以后，台湾以及海外学者都注意到厦门大学台湾研究所"也提供决策参考"这一句话，于是，台湾来访本所的客人，从 1989 年的 57 批 111 人次，增加到 1990 年的 71 批 245 人次，来访的外国学者、记者、外交官也有 30 多批。他们都问我提供什么参考？我说："我们人微言轻，有时把研究成果上报，也不知道什么东西有参考价值，领导也没有告诉我们。"他们听了以后，总感觉得不满意，但事实确是如此。

建所的头十年，我们刚刚起步，存在许多困难和问题。1987 年我担任所长，那时两岸还没有开始往来，台湾的一切都还属于"禁区"，广播不能听，电视不能看，研究台湾缺乏必要的资料和信息这怎么行？我提出：台湾研究所的每个成员都要天天听台湾广播，天天看台湾报纸，我们还要创造条件天天看台湾电视。要求大家能够"按着台湾的脉搏，细心地倾听它的跳动"。

"历史地、全面地、实事求是地认识台湾"作为本所的指导思想，是它带领着我们走出幼年时期，逐步向前迈进。

我的"胡说八道"

"恩格斯与两岸关系"这个说法一定令人费解，实际上还闹

走近两岸

出了笑话。1991年初，正在寒假期间，有一位《新新闻》的记者说是由南方朔、司马文武两位先生介绍来找我们。我知道南方朔就是王杏庆，是一位著名的评论家，我的文章曾经引用过他的高见。司马文武就是江春男，我也经常拜读他的文章。我答应和记者谈谈，但按照规定未经中国记协的安排不作专访。可是不久却以"恩格斯将变成海峡两边的导师？"为题发表了记者对我的专访。

在谈话中，我谈了恩格斯关于历史的合力的观点，说明宏观的历史发展规律，进而认为各种力量都可能在两岸关系发展进程中发生它的作用，互相制约，最终形成一个合力，其结果与各方的最初设想都不一样。可能记者没听懂我介绍的恩格斯理论，也可能是哪一位自作聪明的编辑给加上这样"醒目"的标题，结果

2006年著名评论家南方朔、邱立本来访

曲解了我的看法。这还不要紧，该刊另一位记者可能只看到标题而没有看内容，却说我主张所谓"两岸经贸将按照恩格斯的理论发展"，以此去请教香港的一位经济学教授。我根本没有谈到两岸经贸，难怪这位教授认为把恩格斯与两岸经贸扯在一起的说法是"胡说八道"，这就闹成了一个笑话。

我曾经为这件事写信给南方朔，我说，有不少人怕记者，我想，并不是怕记者报道自己的观点，而是怕自己的观点被不完整、不准确或是被误解地加以报道。他回信指出，台湾新闻界由以往的被压抑而获解放，当前正处于"历史反弹阶段"，由以往的什么都不敢写，一变而为什么都乱写。保护采访对象的"新闻伦理"并未出现，面对大陆采访对象，台湾记者更显嚣张。他对此"深以为忧"。他对我表示歉意，并作了更正。现在回想起来有些好笑，当时我太不了解台湾媒体了，也太不了解台湾的所谓"新闻自由"了。在当时的台湾，媒体曲解他人的意见是极其平常的事，人们对此也无可奈何，很少人要求更正，如果都要更正，报刊可能需要开辟专版。

这次专访也逼得我回答了一些敏感问题。例如，两岸什么时候才能统一？这在当时是很少人愿意回答的问题。我既然做了研究，又不能说不知道。记得在80年代中期，北京有一位知名学者提出，台湾问题的解决要比香港还快。当时我们都不赞成，我们认为统一是要经历一个相当长的过程的。所以我说："大概20世纪之内就会展开谈判，但要真正解决统一问题恐怕要到21世纪。"这种话当时还没有人说过，它反映了我对统一问题长期性的思考。

"三边会谈"

1991年3月台湾当局通过"国家统一纲领"，7月6日台湾报载当局准备举办"三边会谈"的消息。策划由"国统会"委员、研究员，大陆负责对台事务或研究台湾问题的学者与海外人士共同"讨论'国统纲领'"。时任"陆委会"副主委的马英九表示:"考虑开放大陆研究台湾问题的学者到台湾访问,我愿意与大陆学者针对'国家统一纲领'以及两岸关系交换意见。"根据台湾媒体报道,邀请名单有社科院台研所所长、厦大台研所所长、台湾法研究所所长、台湾研究会会长等 4 人,其中就有我。7 日,台湾《联合报》记者采访我,我说,邀访对象"台湾方面不妨与北京有关单位联系,这样协调的结果才会比较全面"。我认为这件事很敏感,但两岸能有这一接触、沟通,却是很好的互动机会。在北京的台盟主席蔡子民也肯定"三边会谈"对两岸接触有正面意义。

这件事立即在台湾内部引起极大的反弹,有人提出官员不得参加,以免与"国统纲领"近期目标相互矛盾;有的把它说成是"政治谈判",是"两岸两党的迂回接触",甚至使用了"出卖台湾"的耸动用语。于是,台湾当局立即辩称,其目的是"宣导'国统纲领'"。9 日,《中国时报》记者前来采访,我当即表示:"三边会谈"如果限制只谈"国统纲领",就像请客吃饭,主人只摆出一盘豆子,完全不管客人的喜好,这种由一家定调的会谈,即使办了,恐怕也谈不出什么东西。本所副所长范希周则表示:依"国统纲领"规定,凡是"谈"的层次都是属于中程阶段,怎么会突然提出? 台湾内部出现反弹声浪,我们一点也不觉得意外。

是的,这是台湾当局首次主动提出要商谈政治议题,也是唯一的一次。它是由"国统会"委员陶百川建议,"国统会"幕僚"承"李登辉"之命",研拟其可行性,目的是向大陆"宣导'国统纲领'",在两岸关系上来一次"主动出击"。结果由于"朝野缺乏共识"、"时机不够成熟"而宣告夭折。

这一次我本来有机会访问台湾,可是未能实现。后来 1992 年 4 月,台湾媒体报道:"应'中研院'民族所邀请,中共已批准赴台申请,陈孔立等学者六月底访台。"那是我们厦门大学历史所、人类学系、台湾研究所与"中研院"民族所以及美国斯坦

福大学的一项合作研究，讨论的是"闽台社会文化比较研究"的纯学术问题，只是由于我的身份比较敏感，所以媒体把我的名字突出出来。后来，当记者发现我并未到会时，就要追问原因，"陆委会"答复说"因胃出血造成身体不适"，事实确是这样，当时我突然胃出血，还送到第一医院抢救，这次台湾之行，又没有成功。

1988年的"台湾史研讨会"，1991年的"三边会谈"连同这一次，我已经错过了三次访台机会。直到1992年11月，我才第一次访问台湾，距离1988年的"敲门之旅"，已经将近5年了。

新加坡的"预习"

在新加坡举办的国际学术研讨会，以"传统文化与社会变迁"为主题，除了当地华人学者以外，还邀请中国大陆、台湾以及澳大利亚等国家和地区的学者参加。我也应邀到会。从台湾来的学者有龚鹏程、吴宏一、李瑞腾等人。我知道，龚鹏程是"陆委会"文教处处长，同时又是一位年轻的教授，才华横溢，博古通今，在台湾早已闻名遐迩，用台湾流行的用语可以称之为"官学两栖"的人物。那时大陆学者要去台湾，就要通过他的一关。他知道我已经提出申请，下一个月就要访问台湾。我对他说，现在台湾来大陆交流的学者多，而大陆去台湾的少。他说，他们邀请的人不少，是我们政府不让去。看来那时双方对参与交流的人选都有自己的标准，互相对不上号。他既然是"陆委会"的官员，就要为当局说话，可是不久，他便和该会的领导闹翻了，断然拂袖而去，从此只当教授不当官了。后来我和他有机会多次相遇，并且通过他的安排，让我踏上了金门岛。

在这次会议上，台大教授吴宏一和我选的论文题目竟然完全一样："中国传统文化与台湾社会变迁"。居然有这样凑巧的事，主办单位也感到出乎意料。这也说明，这的确是一个值得探讨的课题，对此两岸学者已经有了一定的共识。

在讨论的过程中，尽管有些问题提得相当敏感、尖锐，大家

1992 年 9 月，在新加坡同安会馆举办第二届国际学术研讨会"传统文化与社会变迁"，照片为执监委员与学者合影

都能冷静地耐心地加以解答。观点上的差异是必然存在的，但彼此都能坦诚相待，友好相处。

在会议结束前，有一场联欢，大家拿起话筒，唱卡拉 OK。台湾学者都能大方地上台表演，而大陆学者却不适应，没有人敢上台一试。我的儿子陈抗那时在新加坡国立大学任教，他也参加了会议，于是我们父子俩一同登台，唱了一曲《敖包相会》，得到台湾学者的鼓励。这次交流可以说是为我访问台湾进行了一次"预习"。

"搜集情报"

1992 年 11 月，我们应台湾"中国大陆问题研究中心"和东吴大学政治学研究所的邀请，由我率团前往台湾进行学术访问。团员包括本所副所长韩清海和范希周，以及经济研究室主任翁成受。我们带去了5篇论文，涉及国民党党政改革、民进党政治主张、两岸整合与台湾政治发展、台湾产业升级、世界经济区域化与两岸经贸关系等问题。

因为我们是第一批来访的大陆研究台湾问题的学者，而且是第一次参加在台湾举办有关两岸政治问题的研讨会，所以备受媒体的瞩目。

11月27下午5时到达桃园机场，主办单位"中国大陆研究学会"的副理事长兼秘书长杨开煌教授前来迎接。接着，一群记者就围上了。他们问我此行的最大目的是什么，我说，我们多年研究台湾，却没有来过台湾，这次主要想多看看、多听听，亲自了解台湾各方面的情况，听听台湾人士对两岸关系的看法。记者还问我是否认识民

1992年在桃园机场接受采访

进党人，我说认识陈忠信、吕秀莲、许信良、蔡仁坚、蔡式渊等人，如有机会不排除与他们见面。媒体立即报道了这些消息。

到了康华大饭店，我的老同学告诉我，当天的《联合晚报》说，台湾情治单位认为我们是为搜集情报而来的，曾经建议不让我们来。经过主办单位力争才获得批准，但邀请的人数从8名削

走近两岸

减为 4 名。我说，糟了，我对记者说，要来多听听、多看看，岂不是"不打自招"和"搜集情报"对上号了吗？我想，台湾记者、学者、商人可以在大陆各地到处走动，大江南北，任他们遨游，我们都不在乎，而我们只来了四个人，就害得情治单位如此紧张，真是太难为他们了。

"天朝心态"

这次研讨会在台北一座相当旧的志清大楼国际会议厅举办，一连三天。参加的人数相当多，还允许旁听。有几位国民党的大佬也来了，其中有吴延环、赵自齐、马季壮等人。现任国民党中评会主席团主席吴挽澜，当时以一个

1992 年作者会见国民党元老马季壮（时任"资政"）

基金会董事长的名义与会。在休息时，我与他交换名片，他说，不好意思，我只有旧名片。我说没有关系。那名片上的头衔是"中国青年反共救国团副主任"。其实，我们厦门大学有一位校友也是该团的高层。这是两岸分隔的历史所造成的，分居两岸的个人都受到历史的摆布。

在学术交流中，曾经引发不少争论。一位政治大学教授认为，"一国两制"是把台湾"香港化"，大陆自视为中央，而把台湾当作地方，不承认台湾为"对等政治实体"，这说明大陆对台政策充满"朝廷意识"，如果不从"天朝心态"解脱出来，两岸将陷于无谓争执而没有转圜的余地。我回答说，这是对"一国两制"的误解。所谓"天朝心态"应当是指传统的君臣关系，作为臣子的一切要听命于君王，而"一国两制"是大陆不派人来台湾当官，而由台湾自行管理，"我不吃掉你，你不吃掉我"，天下哪有这样的君臣关系？范希周也指出："一国两制"是从整个中国的国家利益出发，不是"中央吃掉地方"，一个国家当然只有一个中央，不管首都设在北京或是台北。他指出所谓"朝廷意识"是未经明确界定的、不准确的说法，无助于了解两岸关系。我

1992 年作者会见国民党元老吴延环（时任"国策顾问"）

1992 年作者访问东吴大学时会见章孝慈校长

们认为关键在于他们不能接受中央和地方的关系。有中央，有地方，他们就认为是"天朝心态"，那么是不是要有两个中央才不是"天朝心态"呢？这样，一个中国原则岂不是不存在了吗？可见这个问题两岸一开始交流就已经存在，确实是两岸关系的一大难题。这场争论是比较激烈的，报纸上说，"这场针锋相对的论辩，在学术讨论的前提下，研究气氛浓，火药味少。"

在会上，我们听到台湾学者提到一些具有代表性的观点："台独"只是"假问题真紧张"，大陆不必太紧张；大陆必然以中央自居，国民党必然要求对等，大陆如果只要与国民党谈判，谈判的可能性就更低了；大陆要承认台湾是政治主体办不到，台北要承认是地方政府

办不到，民进党要承认台湾是中国的一部分也办不到，主权问题应当先搁置起来；没有不涉及政治的交流，不要回避政治，回避会引起误会，关键是要正确对待；只要大陆有信心，能够吸引台湾，台湾就不会"独立"，如果大陆对台湾施压，台湾会越走越远；大陆应当主动把台湾拉进国际社会，只要大陆愿意，外国不成问题；等等。

由于是第一次针对两岸关系问题进行交流，我们谈到个人对两岸关系发展的总体看法。我说，对于两岸关系问题，应当秉持从全局出发追求长远利益、务实为上、互相尊重彼此不同的意识形态及制度、加强沟通促进了解的原则，只有彼此了解分歧之处，才有助于寻求解决之道。两岸都要有一些气度，有所坚持，有所妥协，通过交流，建立互信，发展前景是乐观的。范希周也说：两岸长期隔绝，政治制度不同，意识形态、价值观也不同，应当深入了解各自内部深层的政经生态与社会结构，探求问题的成因，而不应给对方以全盘的否定。

后来，见到东吴大学章孝慈校长时，他说："你们的讨论情况我都知道了。两岸都应当知己知彼，不是为了百战百胜，而是为了增进理解、增进共识。"我很赞成他的看法，我认为两岸学者能够在台湾进行学术交流这是一个良好的开端，希望将来能够进一步推动。后来章校长也到大陆进行学术交流，可惜现在他已经不在人世了。

政策的延续性

在会议休息期间，会议主办单位安排了记者采访，要我去面对众多记者各式各样的提问。

当时中共中央一位高层人士发表了对"台独"的强烈批判，引起台湾社会的震动，他们认为大陆对台政策可能会发生变化，有的甚至说要准备动武了。我首先指出：在两岸关系中，要研判或解读对方的政策性谈话，最重要的要看政策的延续性有无改变。坚决反对"台独"是中共的一贯政策与基本原则，至今没有改变。政策的改变，必须具备必要的条件，不会突然改变。这次领导干部的讲话只是重申这一立场。同样的，我们对台湾方面也应当注意政策的延续性，有人看到"以台湾经验统一中国"，就以为已经取代了"三民主义统一中国"，那也是一种误解。台湾有些媒体喜欢抓住片言只语妄加猜测，甚至故意炒作，这对推进两岸关系的发展没有好处。

那时，台湾当局和民间对大陆的了解都十分有限，有些低层次的意见居然经常可以在报上发表，人们一时还难以判别。我就是针对这种情况进行批评的。第二天，几份报纸都发表了上述谈话，说明他们对于如何正确地"解读"和"研判"我们的政策是相当重视的。

有人问到对"台独"党纲的看法。我说，大陆对此相当重视，因为过去是别人称民进党为"台独党"，现在是它自己提出"台独"党纲，自己标榜为"台独党"。但我与民进党人接触后，发现内部还有不同声音，还需要继续观察。

有人问到台湾政治第三势力问题。我明确地回答说：我认为现阶段第三党或第三势力在台湾政局中的活动空间十分有限。

有人问为什么大陆不愿放弃对台使用武力。我说："台独"是少数人搞不起来的，要看到其背后支持的人。不放弃使用武力主要是针对外国干涉对台政策而提出的，不会用来打自己人。有人问怎么看美国、法国卖高性能的战机给台湾？我说，我们反对外国插手台湾。不过你们已经买了怎么办？媒体报道说："陈孔立以开玩笑的口吻说，也好嘛，可以共同保卫祖国的领空。"

当有人问起对"立委"选举的看法时，我说，我们很关心，但不便发表意见，否则会被人说是为某个方面或某个人助选，所以不打算评论了。有人问我是否要拜会"陆委会"主委黄昆辉或副主委马英九，媒体报道说："陈孔立开玩笑地说：大概没有资格拜会吧。"

这是大陆学者面对台湾媒体的第一次对话，我们采取坦诚

相待的态度，毫不隐晦地表达自己的观点，尽可能地回答他们的问题，而没有使用任何"外交辞令"。台湾媒体的评论是：低调，得体。可是，回到大陆以后，有些人对我们的做法颇不以为然，似乎我们在回答问题时，超出了"标准答案"。我想，这也许是由学者与行政人员的区别、民间与官方的区别所造成的吧。好在以后政策似乎"宽松"了些，让我们这些"站在第一线的学者"有一定的"话语权"了。

玩不起的选举

当时正是"立委"选举的"造势"阶段，台北街头有许多竞选广告、看板、标语、旗帜，在中部和南部还看过两场政见会。那是很轻松的场合，台上有人演说，喊口号，台下可以听，可以跟着喊，也可以不听、不喊，甚至高声谈笑，边走边吃东西，爱听就听，爱走就走，像赶庙会似的。除了表示支持自己写的候选人以外，还千方百计地挖苦、攻击对手。这是一种特殊的选举文化，需要进一步观察才能知道其中的奥妙。

在前往南投县的路上，看到一位候选人的宣传车队，多达五六十辆，据说这只是他若干车队中的一部分。许多地方开了"流水席"，甚至多达几百桌、上千桌，一瓶金门高粱酒卖到1000多元。有人告诉我，选一个"立委"要花几千万，多的要一两亿。因此，在候选人中有不少就是"金牛级"的人物，或由金牛支持的人。

在台湾，这样的选举活动，以及政党政治、多党制、轮流执政等等，都被看作是天经地义的，因为绝大多数人受的是西方式的教育，认同西方的民主制度。我们乐观其成。但是，有许多人却要以他们的标准来衡量大陆的政治，因此感到格格不入。也许他们是出于好心，希望我们也能和他们一样，两岸走一条共同的道路。我告诉他们，分隔几十年，两岸各自走出自己的道路，应当让它继续走下去。大陆不可能放弃现有的道路，从头开始走西方政党政治的路；我们也不要求台湾放弃现有的道路，跟我们走社会主义道路。双方应当互相尊重，不要强加于人。

南园之旅

　　去联合报访问引起我很大的兴趣。一到那里就遇见几位熟悉的记者，他们居然想到我们自己没有想到的事：让我们用他们的电话与家里联系。听到家人的声音，当然是十分欣慰的事。接着，让我们参观他们的资料库。那时还是用剪报保存资料，有人替我查找"陈孔立"的资料，结果就有一叠的剪报出现在面前。台湾有研究助理的制度，助理们可以帮助搜集资料、查找资料，最新的信息都能及时看到。我们在"中国大陆研究中心"看见各位研究员的桌上摆着当

1992 年作者一行访问联合报、南园

天出版的一种资料，上面有昨天大陆报刊和广播的新闻，让我感到十分羡慕。

联合报的高层对我们的访问十分重视，也十分客气。发行人刘昌平、副社长兼总编辑胡立台，联合晚报社长张作锦、总编辑黄宽，民生报社长黄年全部出来会见。"大陆新闻中心"主任王震邦是一位"大陆通"，他坦率地对我们说，"一国两制"台湾为什么不能接受，说穿了就是四个字："宁为鸡头。"一旦实行"一国两制"，李"总统"变成李省长。台湾人心理上无法平衡。一般人则担心统一对台湾不利，"现在好好的，何必要统一"？

好客的主人让我们去他们的私家花园——南园小住。南园美丽的景色，我无法详细描绘，只是要说一说陪同我们的两位年轻记者。一位是徐东海，他利用休息的时间，给我做一次专访，把我的经历几乎全部"抖"了出来，后来专访发表在联合报的"人物专刊"上，还配发了王震邦在南园兰茵阁为我拍的一张照片。另一位是汪莉绢，她那时还是一位刚刚出道的小姑娘，后来长期采访大陆新闻，现在已经是一位资深记者，发表许多高水平的报道。我曾向新华社有关领导建议，希望我们的驻台记者也能够写出同样质量的作品。

032

要接触深层次

在会议期间，杨开煌做了精心安排，让我们有机会走访许多研究部门及相关单位，并与许多学者见面交谈。其中包括作为东道主的东吴大学和"中国大陆研究中心"、"中华经济研究院"、民主基金会、政治大学国关中心、"国策中心"、"中研院"、淡江大学、联合报、海基会、文献会、"统盟"等10多个学术单位和民间团体。此外，由于我的私人关系，还安排了与厦门大学台湾校友会（当时我是厦门大学校友总会理事长）、福建学院校友会的会面。由于时间关系，只能走马观花了。

在政大国关中心，见到林碧炤主任、苏起副主任以及吴安家等几位，他们都能坦率地就两岸关系的重大问题提出自己的意见，每一位都有独到的见解。当然由于两岸政治制度的不同，彼此的观点难免存在分歧，但是通过交流发现分歧的深层原因，有助于推动进一步的研究。

我注意到在他们的会议室里有一副对联，上面写道："庙廊画策无遗算，国际折冲见远谋。"我立刻把它记了下来。我想，他们真够神气的了，我们自叹不如。林碧炤强调，大陆与韩国建交，对台湾不留余地，这是对外国人好，对自己人不让。大陆要特别小心台湾的感情因素。我们也说明了自己的看法。

苏起提出，两会在讨论过程中，没想到大陆提出"一个中国"问题，使得"国统会"花了 6 个月时间研究定义，如果没有这个问题，今年（1992 年）两岸关系有可能大幅推进。他还说，我们提出不否认对方为政治实体，你们连 entity 这个中性名词都不接受，怎么谈？我说，关键在于你们强调的是"对等的"政治实体。

在"国统纲领"中提出："在互惠中不否定对方为政治实体。"如果只从这一句话来看，似乎没有什么问题。但是，"纲领"中有一个大前提，那就是"海峡两岸应在理性、和平、对

1992 年会见林碧炤、苏起、吴安家等著名学者

等、互惠的前提下"，要害就在"对等"两个字。"对等"意味着，你是什么，我也是什么，你是主权国家，我也是主权国家，那就违背了一个中国原则。

座谈之后，我要求参观他们的"白楼"，那是他们的资料室，过去是一个神秘的地方。林碧炤问我要看什么，我说，我只想看看你们从什么时候开始把"匪情研究"改为"大陆研究"。查了一下，大约是在开放探亲之后。

在民主基金会参加一场有关台湾选举的专题讨论会，在座的有包宗和、葛永光、高辉等人，多是大学教授和选举问题的专家。由于我们也做过有关选举研究，所以能够提出一些专业性的问题和见解。我们就得票率的估算方法、得票率和席次的关系、自行参选对其他候选人的影响、民进党的政治诉求和"福利国"主张对选情的影响、民众投票的取向、地方派系的作用、两党的配票作业等等，讨论得比较细。有一家杂志评论说，我们"对台湾既有深入的了解，又紧抓现况发展不放"，"展现了令人折

走近两岸

1992 年访问"中华经济研究院"，会见于宗先院士

1992 年访问东吴大学图书馆

1992 年访问淡江大学

1992 年访问海基会会见陈长文董事长

1992 年与陈荣杰秘书长、苏起教授餐叙

1992 年会见"中研院"曹永和、赖泽涵教授

服的功力",但又认为我们看问题仍有"框架","倾向以民族大义、国家整合为号召"。显然,彼此在立场、观点上存在不少的差异。正因为这样,互相交流更显出它的重要性。

在"中华经济研究院"会见了于宗先院长、李诚副院长,后来我们有多次机会与于院士接触,他对两岸经贸关系有深入的研究,给我们留下深刻的印象。在"国策中心"见到高长、萧全政、苏进强、张五岳、朱云汉、林正义等许多位研究员,原来认识的中心执行长张瑞猛则已经离开了。在座谈中,问题谈得很细,意见也相当尖锐。有人提出有关大陆的国防问题,我们对此毫无研究。有一位学者提出:2004 年可能出现民进党的"总统",那时你们会怎么样?

在东吴大学有两场座谈会,一场对教师,一场对学生。我特别喜欢与学生的接触,他们提出的问

1992 年访问屏东县老农　　　　1992 年访问厦门大学台湾校友会

题和发表的意见，反映了新生代的心态。我尽量回答他们的提问，仿佛回到学校的讲台上了。在淡江大学受到国际研究学院院长黄天中的接待，在晚宴上见到龚鹏程，他本来要约我"小聚，清谈"，后来安排不出时间，未能如愿。

　　还安排了一次与海基会的座谈。我是海协第一届理事，没有得到授权，不能以这一身份与海基会接触，但毕竟是第一个访问海基会的海协理事。所以台湾媒体报道说："陈孔立虽然是以学者名义来台，却同时具有中共海协会理事身份，也象征着某种突破。"原定由海基会秘书长陈荣杰出面接待，后来董事长陈长文亲自到场，他表示我们要坦诚地交换意见。他提出"两岸并行发展，逐渐走向统一"的主张，他说，大陆主张"一国两制"，统一之后是否可能变为一国一制？与其统一之后逐渐变为一国一制，不如现在维持两个体制，逐渐发展到一国一制，就可以统一了。陈荣杰则提出一个问题：在"两个中国"、"一中一台"、"一国两制"之外，有没有第四种模式？我们感到两岸关系中确实存在许多问题，以上两个看法都需要深入研究才能找到答案。

在与陈荣杰交谈的过程中，他一再说"很累，很吃力"，对自己身处这个重要的职位而无法动弹，感到相当无奈。他对苏起说，"我要去你们那里做研究"。果然，我们还没有离开台湾，就传出他辞职的消息了。

在这次访问过程中，两岸专家已经获得一点共识：要解决两岸关系问题，不仅要研究两岸关系与双方的政策，还要深入研究两岸社会制度、政治制度、经济制度以及文化思想等方面，了解其共同与差异，研究造成差异的原因。只有了解政策背后的深层因素，才能真正了解对方，而正确地认识对方，则是达成共识的必要前提。

回到大陆以后，我曾经写道：在台湾，多次接触到"感情"、"信仰"之类的说法，不能不引起我的思考。"在政治文化中，信仰、感情和习惯、态度、性格、气质等等都是属于政治

1992年会见会见龚鹏程教授

1992年会见工党主席王义雄

心理层次的，而心理状态往往是相当坚强的、持久的、不容易改变的。研究两岸关系问题，不应当忽视这个层次的研究。"这个体会对我后来的研究方向有相当大的影响。

政治文化的差异

1993 年 3 月陈其南教授当时在香港中文大学，由他主持的"文化中国展望：理念与实际学术讨论会"请我参加。台湾政治大学校长张京育、台大政治系教授袁颂西等也参加会议。香港中文大学校长高锟还在开幕式上致词，香港大学校长王赓武和台湾"中研院"李亦园院士在会上分别对"文化中国"作了阐释。

这次会议我提交的论文题目是"两岸交流中的政治文化问题"，指出两岸政治文化有"某些相似"，但存在"重大差异"，并且从政治认知、政治信仰、政治价值、政治态度等方面进行分析。《联合报》特派记者尹乃馨连夜要求采访，她说，她看到《中国时报》记者林馨琴对我和陈忠信的专访，敬佩林的策划，她看到我的论文，讲到两岸文化的差异，这与大陆学界强调两岸文化共同性的做法有所不同，因此急于要来采访，我被她的敬业精神所感动。

我对她谈了两岸政治文化的差异以及民众对待政治的各种不同表现，进而指出，两岸政治文化分属于两大体系：台湾是资本主义政治文化，大陆是社会主义政治文化，二者有巨大差异，不认识这一点，就无法正确认识当前的两岸关系。尽管这样，双方应当彼此尊重，要有"同情的理解"，不要强加于人，才能促进两岸更深一层的交流与沟通。

在会场上，我发现戴瑞明也来了。他当时是"驻英代表"，原来的"总统府副秘书长"邱进益刚刚转任海基会秘书长，内定由戴接任邱的职务。在休息时，我主动问他："你是戴先生吗？"他说："是。你怎么知道？"我说："当你担任'文工会'主任的时候，我就经常在电视上看到你。前几天看见你在英国，现在要回台湾就任新职了吧？"在香港的台湾中华旅行社社长、号称"地下大使"的黎昌意向他介绍了我。接着，我们就台湾对待美国和日本商品文化的态度问题，交换了看法。他认为随着对外开放，外来文化必然会对青少年产生影响，总的看来，"疏导"比"防堵"有效。短短的接触，我们彼此都留下良好的印象。我感到如何面对外来文化，应当是当前值得两岸共同面对的一个问题，这方面的经验也值得互相交流。

吴作栋总理的好意

1993 年"汪辜会谈"在新加坡举行。不久，新加坡总理吴作栋呼吁亚洲各国协助两岸进行对话，建立互信。当天台湾记者就问我，两岸高层是否可能经由国际组织中的接触，进行对话。我说，吴总理的话是一个好意，但两岸关系的发展有它的过程，各方的帮助有好处，最终还要靠两岸自己来解决问题，别人无法取代。两岸要建立互信也需要长时间的交往，急不得。台湾《联合报》、美国《世界日报》都报道了这次采访。后来两岸当局也都先后表示了类似的看法。

记者还问对"汪辜会谈"的政治意义的看法。当时，有人强调它的政治意义，说是一个重大的突破；有人则给予贬低，认为没有什么政治意义。我说："有政治意义，但不要泛政治化。"这次会谈是两岸关系发展的重要一步，是两岸高层的事务性会谈，汪、辜两位老先生握手当然有政治意义。但这只是一个开始，不是两岸关系的重大突破，会谈没有涉及政治问题，要等到两岸真正坐下来谈政治问题时，两岸关系才算有重大突破。现在看来这样的估计还是正确的，可是在当时有些人却颇不以为然。

10 年以后，新加坡国立大学东亚研究所打算在 2003 年 4 月举办有关海峡两岸关系发展的学术研讨会，并纪念"汪辜会谈"十周年，特地邀请了汪道涵、辜振甫两位老先生。同时邀请大陆、台湾以及其他地区的学者参加，我也收到了邀请函。

不久，东亚研究所所长王赓武证实，辜先生已经接受邀请。于是，媒体把注意力集中在汪老身上，似乎如果汪老不来，就是受到大陆方面的限制，就是不肯回应新加坡方面的善意。对此，我写了一篇《汪老来不来》的短文，刊登在新加坡《联合早报》上，表达了以下看法：

第一，我对新加坡方面促进两岸关系良性互动的努力，包括李光耀资政、吴作栋总理的好意，一贯心存感激。王赓武教授对汪老以及大陆学者的邀请，是他用心促进两岸关系发展的善意表现。

第二，汪老是一位富有历史使命感的忠厚长者，只要有利于推进两岸关系的发展，他一定会尽力去做。10年前"汪辜会谈"是在1992年两会共识下实现的，现在台湾当局不承认这个基础，因此这次会面不可能在既有的基础上前进一步，那就没有什么实质意义了。至于有人认为汪老的行动会受到"对台当局"的限制，那是一种误解。汪老早已把名誉地位置之度外，"苟利国家生死以，岂因祸福避趋之"，他已经达到这样的境界，任何猜测都是不必要的。

王赓武是我60多年前南京中央大学历史系的学长，在他担任香港大学校长期间，就积极推动两岸学者之间的交流，我们在香港、厦门、新加坡有过多次会面。在他担任东亚所所长期间，我也曾以"海协专家组成员"的身份，访问该所并举行座谈。后来厦门大学台湾研究院一直与该所保持交流与互访关系，曾经联合举办过专题的研讨会。

白皮书的震荡

1993年8月31日国台办公布《台湾问题与中国的统一》白皮书，引起台湾各界的震荡。有人认为白皮书强调中华人民共和国政府是中国唯一合法政府，强调中国对台湾拥有主权，目的是阻止台湾加入联合国，"扼杀"台湾在国际社会的发展空间，并恫吓不排除以武力统一中国。日本学者则说，白皮书"对台湾是警告，对世界是表态"。于是，有的"立委"表示，如果按照"一国两制"实现统一，台湾不可能维持不变，生活水平会被拉低，首当其冲的就是薪水阶级。时任"立委"的陈水扁则要求当局尽快与大陆签订"两岸基础条约"作为未来交流的筹码。

在接受台湾记者采访时，我指出：台湾方面对大陆的基本政策——"和平统一，一国两制"了解甚少，白皮书就是要系统地阐述大陆的对台政策，重点说明一个中国原则，让台湾以及国际社会对此有比较系统的了解。至于台湾最近力图加入联合国，此时公布白皮书也有助于国际社会了解北京的立场。我们强调一个中国原则，台湾加入联合国就会造成"两个中国"，我们是不会接受的。

这个时期，台湾当局主张要少讲"一个中国"，"不再提一个中国"。我指出这是从一个中国原则倒退的表现。有记者问：关于台湾加入联合国，你们为什么不接受"平行主权"的提议？我说：主权问题是政治谈判的议题，现在还不到谈判的时候。在一个中国原则下，什么都可以谈，台湾要参加联合国就会造成"两个中国"，所以我们不能接受。

11月间，台湾的"经济部长"在美国西雅图竟然提出"阶段性两个中国"的说法。当天中央有关部门没有马上给予反击，但台湾媒体已经感到问题的严重，纷纷打电话来采访。我当即指出，这是台湾当局企图制造"两个中国"的严重步骤。最近一个时期，我们已经看到台湾当局不断地从一个中国原则向后倒退，这次公开提出，表明台湾当局终于走出了严重的一步。我警告说，我们不希望看到两岸关系的严重倒退，台湾企图依靠国际力量来解决两岸问题是行不通的。后来的事实表明，这确实不是某人一时的表达不当，而是台湾当局既定的政策，从此以后，李登辉就在这条道路上越走越远了。

国民党开始有危机感

1994年两岸关系出现紧张的局面，"千岛湖事件"对两岸造成相当大的冲击，在这样的大环境下，在"省市长选举"之后，我们一行四人访问台湾。

在政大国关中心，由副主任吴安家出面接待。那时候就有学者提出：两岸安全、信心建立、军事互信机制以及区域安全的军事合作问题，甚至提出双方裁军、军事情报交换、军事安全对话等等令人感到"超前"的议题。我们认为如何防止军事冲突是需要研究的问题，两岸学者不妨先就此类问题进行讨论，当时两岸讨论的只是经济性、事务性的议题，政治议题还不能触及，军事安全机制、军事合作之类显然不具备讨论的条件。

那时正当"省市长选举"之后，台湾各界对于那次选举都感到兴奋，认为是台湾民主发展的一大进步，甚至是"亚洲民主发展史上的一件大事"，从此，台湾走上民主道路，不会回头。有学者问我们对此采取什么态度，是"可资借鉴"，还是"反面教

1994年访问政治大学国关中心，会见吴家安副主任

材"？我表示尊重台湾人民的选择，我采取乐观其成的态度，但是两岸社会制度不同，大陆不可能采取与台湾一样的办法。

在分析选举结果时，学者们已经对国民党的前景表示担忧，认为国民党的力量正在下降，如果这次宋楚瑜失败"国民党就完了"，1996年是国民党政权的保卫战，如果失去政权就很难再执政了。陈水扁当选台北市长是民进党走上执政之路的开始，但他们不能再讲"台独"了，陈水扁讲的是"快乐，希望"，此人不可小看，下一次选"总统"有希望。

在多次座谈会上，两岸学者交谈的内容，涉及台湾政局与两岸关系的重大问题和难题。这是早期的交流，几乎问题都已经提出，而要解决这些问题则需要很长的时期，后来的发展证实了这一点。先谈有关台湾内部的问题：

第一，联合执政问题。国民党力量削弱，可能与另一个政党联合执政，有人认为由于民进党要价很高，国民党宁可与新党联合，但有人认为李登辉对新党比对民进党更恨，只要民进党要求不太过分，国民党就会找民进党联合执政。甚至有人认为将来国民党会下台，由民进党与新党联合执政。

第二，省籍因素问题。有人认为是外省人挑起来的，赵少康激发了外省族群的危机意识，外省人多数支持新党。有人认为"台湾人选台湾人"的口号起了作用，本省中上层在选举期间不出国，动员员工投票给陈水扁。但也有人认为省籍因素不如安定因素重要，许多人从维持安定出发决定取舍。

第三，统独问题。有人说，这次选举是"维持现状"战胜"台独"，维持现状派多达70%，连陈水扁都不敢讲"台独"，宋楚瑜则高票当选。有人说，陈水扁不讲"台独"有人认为是独派的失败，其实不然，陈水扁的60多万票，既有族群票、"台独"票，也有外省票，是担心"急统"的表现。民进党现在不讲统独，实际上正在从历史文化上加强"台独"的理论基础。千岛湖事件以后，支持"台独"的人增加了。

第四，对新党的看法。这次选举，新党颇有成绩，我曾经问

过一位外省籍的老年妇女，她偷偷地告诉我："我先生是国民党，我把票投给了新党。"脸上还露出神秘的微笑。当时有不少人看好新党，认为新党不回避是"外省党"、"都会党"，要这些票就够了，还会抢国民党的票，新党成员及支持者素质很高，有人居然还说出"新党是中国的希望"这样的话。有人则相反，认为新党成员多是过去的权贵，或官僚预备队，现在出路被挡，所以恨李登辉，他们只好从选议员开始，"爬"得很辛苦，但实力小，没有多大发展的空间。

我们同国民党、民进党、新党的人士都有所接触。我发现通过选举，三党都自我感觉良好。国民党虽然丢了台北市长，而在省长的选举中却取得较大胜利；民进党则因占领台北市，为执政带来希望；新党在台北的得票率超过了国民党，刚从国民党中退出而投靠新党的一些人，当上了"新科议员"。这都给他们带来希望，准备大干一场，在下一次选举中，更上一层楼。

冲击与"打压"

有关两岸关系问题显得相当敏感，分歧也相当大。

第一，两会的"波折"。在与海基会座谈时，我谈到，1994年我们感受到台湾方面不断地向一个中国原则进行冲击。千岛湖事件、亚运会、亚太经合会、联合国以及李登辉与司马辽太郎谈话、"度假外交"等等，台湾方面连续出现大动作，涉及主权问题，使两岸关系受到挫折，所以大陆方面不能不有所反应，而台湾方面却认为这是"打压"。看来海基会与海协在谈判时都会感到相当辛苦。金门的守军把炮弹"误射"到厦门，打伤了民工，我们就采取克制的态度，没有出现什么麻烦。

海基会副秘书长许惠祐说，两会出现波折是必然的，因为事情多，处理事情比较生疏，难免发生冲突。千岛湖、APEC、亚运会都是互信不足的表现。"误击事件"大陆是比较克制，海基会主动要求了解情况，但是海协的回信"不算客气"，克制中有

1994年访问海基会会见焦仁和秘书长

生气。谈判陷入困境是有先天的困难，双方认知不同，一听到"一国两制"或"一国两区"，双方都感到刺耳。还有就是不就事论事，有时会超过议题本身，例如谈"小额贸易"，大陆提出"从事海上贸易的人不在列"，这就是走私合法化。李庆平说，出现波折要吸取教训，千岛湖事件处理不明快，而最近章孝慈生病，大陆就处理得好，对家属、记者交代了病情，有了透明化。现在关键是互信问题，大陆对台湾社会不了解，会出现误判。

焦仁和秘书长说，海基会是在受屈辱的情况下同海协进行商谈的，因为大陆不承认台湾的"法律"和"主权"，以至于商谈人员的心思都用在回避文字禁忌的问题上，造成会谈的障碍。其实，在缺乏互信的情况下，对对方的举动往往发生误判，导致互相猜忌。

我们没有参加两会谈判，不了解具体情况，只能从原则立场

上表示态度，指出，1994年两岸关系出现一些挫折，主要是台湾方面在主权问题上不断"出击"才导致的，今后双方不要互相刺激，就会减少冲突。实际上，在谈判过程中，大陆方面一再强调在事务性谈判中，要回避政治敏感问题。后来听说，海基会在谈判时曾经企图"偷渡"、"夹带"一些涉及主权的议题，例如，在讨论"遣返罪犯"时想把"海峡中线"写进协议，显然这是企图造成"领土划分"的事实。有了这样的念头，难怪他们认定"波折难免"了。

当年台湾出版一本《1995闰八月》的书，指出大陆准备第二年攻打台湾，发生几率最高的时间，"在1995年年中之后到1996年6月台湾第一任直选'总统'就职之时"，这本来是无稽之谈，可是却得到畅销，没多久就卖到20多万册，这是两岸缺乏互信的一个表现。有的学者认为，这本书使人担心"台独"会导致战争，结果让国民党得到好处。更多的人认为，两岸只有通过互相沟通，才能增进共识。在发生问题时，双方要以诚相待，互相克制，避免不必要的误会与冲突。

第二，两岸的政治关系。大家都感到一碰到主权问题，就会伤害两岸的感情，不如暂时搁置，以后再谈。但是搁置并不能解决问题，在日常交往中经常会遇到此类问题，例如"国立"、"国旗"、"法律"等等应当如何处理，总得有一个解决的办法。于是各种意见就提出来了。有人认为当前两岸政治关系应当模糊处理，不必讲得太清楚，否则双方很难取得一致。有人则认为模糊就会有漏洞，可能导致分裂主义。有的主张要制定一些"游戏规则"规范双方的行为。还有的主张干脆把主权问题摊开来谈，包括"主权共享"等等主张都提出来了。对于当年的两岸关系，有人用当时一部影片的名字来形容两岸关系——"与狼共舞"，台湾怕被大陆吃掉，大陆怕台湾跑掉。

第三，国际空间问题。台湾学者强调：大陆多几个建交国也没有好处，不应当老"挖"台湾的"建交国"，"你们要了解台湾民众看到断交是什么滋味"。在"外交"上"封杀"台湾，台湾

走近两岸

就会越跑越远。让台湾多一些国际空间，你们何乐而不为？

诸如此类的问题，我们在平时与台湾学者交谈中已经经常接触到，也按照我们的政策予以说明，但是，这些问题都是不容易解决的，我们认为有道理的事情，他们却视为"打压"。我们深深地体会到在两岸之间，不是简单地判别谁"对"谁"错"就可以了，这里面还有感情问题，需要从政治心理学角度做深入的研究。

我看台湾选举

访台期间，《中国时报》资深记者杨宪村就那次选举对我进行了专访。那场选举被称是"史无前例"的选举，而"省长"的选举则被称是"四百年来第一次"。我说，我是来自不同社会制度的地方，看法有些不同，你们如果愿意听，我就不妨如实地说出来。记者相当尊重受访者，基本上把我的意见都登出来了。

我首先表示，从这次选举可以看出，台湾的政党政治已经日趋制度化，也就是按照西方政治学中的政党政治的制度一步步地实行，民众似乎比较适应，我们尊重台湾人民的选择，乐观其成。但是由于社会制度、政治制度不同，有些现象我可以理解，有的却不好理解。譬如说，政党之间、候选人之间理念的对立或不同政见相互攻击，是可以理解的；但除了政治精英投入选举以外，大量的"金牛"和黑道人物也参与选举，竟也高票当选，就使我难以想象。

1994年参加选举座谈会，会见高永光教授等人

1994 年会见"陆委会"主委苏起

1994 年会见知名学者陶百川、朱高正

再说，大陆工人、农民的代表在民意机关里占相当大的比重，台湾工人、农民占人口总数的比例也不小，可是在民意机构中几乎没有工人、农民的代表，这也是不好理解的。至于选举要花很多钱，李远哲先生说台湾候选人花的钱比美国多 25 倍，这有必要吗？

记者还要我分别就三党的发展进行评估，就选举对两岸关系的影响提出看法，我都比较详细地回答了。我认为选举表明反对党发展快速，民进党在台湾省长的选举中得到 300 多万票，值得重视。如果民进党和新党的票进一步增加，国民党稳占多数的局面就会改观。我认为这次选举对台湾内部权力分配等方面有一定影响，而对两岸关系不会带来直接的影响。

最后谈到"千岛湖事件"对两岸关系的影响。我认为这是一个不幸的事件，造成对两岸关系的伤害。两岸关系发展到今天很不容易，大家都不希望把关系搞坏了。如果能够多设身处地为对方想一想，问题就不会弄得太复杂。两岸关系有波折是正常的，应当本着和为贵的态度，处理两岸的意外事故，避免不必要的误会。

走访麦寮

在国民党籍"立委"林明义的陪同下，我们访问了在云林县麦寮乡的六轻工地。那是王永庆取代厦门海沧的选择，我想看一看麦寮和海沧相比究竟有什么好处。

工区在海边，汽车在砂石和鹅卵石的路上颠簸，我们关紧了车门还感到大风的呼啸。据说，这里每年 10 月到第二年 4 月，强劲的季风不停地刮着，在这里工作的人们经常要同这种恶劣的气候搏斗。在半路上，有人提出要下车留个影，回来一看，大风把每个人的头发刮得直立起来，而背景仍是一片砂石。

这里原来是一片汪洋，建设六轻没有现成的土地，需要填土造地：先在海面上围筑海堤，再用从海里挖出来的砂石和从远方运来的鹅卵石填上 4～5 米高，造成海埔新生地，然后改良土质，打下长桩，才能建造厂房。这一片土地有 2600 公顷。不讲别的，只算取得土地的成本，就比海沧多出许多。我问接待我们的课长，我们海沧的条件比这里好得多，为什么王先生不选海沧而选上麦寮？他没有回答。政治干预经济，连王永庆也无能为力了。

但是，参观麦寮却给我留下深刻的印象。他们用两艘船从

1994年作者一行由"立委"林明义（中间）陪同参观麦寮

海里抽沙，一天可以造地 2 公顷。一面造地，一面建厂，第一个占地 7 公顷的工厂，明年（1995年)3 月就要投入生产。临时的码头，4－5 月间就要停靠万吨货轮。有这样的速度，有这样的效率，怪不得六轻员工信心满满了。

由于我们要赶乘飞机去台北，只好匆匆告别。在前往嘉义水上机场的路上，林明义竟然叫司机走"路肩"，时速达到 140 公里，我们还担心时间来不及，他说："不要紧，我叫飞机等你们。"真有叱咤风云的气概。后来，林明义多次前来大陆，我们也访问过他的办事处，搜集他们的工作日程安排表，通过他的帮助，对"立委"的日常工作以及与地方各界的关系有了比较具体的了解。林明义是一位性情直爽的人，可惜他已经过早地去世了。

金门之行

由龚鹏程教授安排，应金门知名企业家吕振南的邀请，我们前往金门进行三天两夜的访问。吕先生因事不能回来，可是天天打电话联络，金门的朋友特别热情的接待，让我们有宾至如归的感觉。台湾报纸报道说，这是第一批组团到金门访问的大陆研究两岸关系的学者。

访问期间，由当地华侨协会理事长蔡振益、金城国中校长翁志励等陪同，参观了金门酒厂、陶瓷厂、"国立"高中、金城中学等多所学校，牧马侯祠、文台古塔、太武山、鲁王衣冠塚、榕园、太湖、民俗文化村等名胜古迹以及莒光楼、湖井头、古宁头、马山观察站等，访问了县议会，并与当地各界人士进行座谈。金门同胞告诉

1994年访问金门

我们，他们是福建人，金门的发展一定要与厦门联系在一起。他们希望与我们共同研究金门与厦门共同发展的设想和规划。许多"议员"主张"两门（金门、厦门）对开"，我说，我们福建省的领导早就提出这样的主张，这是大势所趋，关键要看台湾当局了。"议长"王水彰说，他们想开船驶向乌坵，然后"不小心"驶到了厦门，在两门对开上来一个突破。"国代"杨肃元提出，大陆应当支持让金门和厦门成为两岸交流的实验区。有人主张建造金厦跨海大桥，有一位年轻的"议员"说，金门和厦门原来都是前线，你们开放后，厦门大发展了，金门却还没有什么变化，大陆应当拿一笔钱来建造大桥。

当年金门只有 9000 多户，4 万多居民，三分之一是公教人员，三分之一是商人，三分之一是工人，没有专业农户，耕作成本高，不如去做工。很多年轻人都去台湾谋生了。总的来说，金门的生活水平虽然不如台湾，但还是比较高的。有三分之二家庭有小汽车，我们在酒厂前看见员工自用的几十部小汽车和大量机车。一般人都自己有房子。有一户人家 15 年前以 34 万买房，自备 19 万，贷款 15 万，分期偿还，现在房价已达 300 万。金门商家 70% 做的是"阿兵哥"的生意，因此金门人不愿意"撤军"。

金门离厦门实在太近了，金门的风土民俗与厦门相近，在莒光楼上可以望见厦门，在金门的计程车上听到的广播，居然是由厦广音乐台播出的，无论谁从厦门来金门都一定会有亲切感。在金门的日子里，给我们最深刻的印象是金门同胞烈要求金厦共同开发的迫切心情。如果两地能够就发展前景作出整体的规划，互惠互利，携手并进，那将是一件造福两地同胞、功德无量的好事。

二、1995—1999

"江八点"与台湾的回应

1995 年 1 月 30 日江泽民总书记发表《为促进祖国统一大业的完成而继续奋斗》的重要讲话（俗称"江八点"）以后，引起台湾各界的极大震动，出现各种各样不同的解读，李登辉表示要与社会各阶层交换意见后提出因应策略。我在接受台湾《联合报》采访时表示，台湾如果有正面的回应，将为两岸关系带来良性的互动。我强调江总书记表达的善意：第一，保障安全，愿与台湾签订协议，结束敌对状态，中国人不打中国人，不会对台湾同胞使用武力，还要保障台商投资的安全。第二，尊重台湾，尊重台湾当局，两岸平等协商，谈判的地点、名义、方式都经过双方共同商定；尊重台湾同胞，强调两岸人民是骨肉同胞、手足兄弟。我认为两岸隔绝多年，有一些歧见是正常的，不要急于解决。通过交流沟通，互相善意回应，两岸关系就能向前发展。我估计台湾方面对经贸、文化方面将会有积极的回应，而对政治问题则会比较谨慎。希望当前两岸要在事务性协商上做出一些成果，来显示双方的诚意与互信。

不久以后，作为"行政院长"的连战先做了回应，指出"两岸将进入协商时代"。我在接受《联合报》采访时说，这意味着两岸协商层次将有提升，不再局限于事务性层次，政治对话将有所进展。我估计台湾方面对"江八点"提出的经贸、文化层次将有积极的回应，而涉及政治部分将会比较谨慎。目前两岸需要在

事务性协商方面达成一些成果，以显示两岸的互信与诚意。

那时，李登辉预定在 4 月 8 日对"江八点"作出回应，在此之前，台湾媒体关心大陆对李登辉的回应会有什么估计。我的要求不高，"只要表示愿意坐下来谈，就是正面的回应"。两岸关系保持稳定，继续进展，应当是双方的共同意愿。这时有台湾官员称呼大陆为中华人民共和国，我说，我们关切的是使用这一称呼和政策动向，如果意味着要"跳脱"一个中国的立场，那就严重了。

李登辉的回应果然按期出台（称为"李六条"），当时人们注意到他的许多提法与"江八点"南辕北辙，特别敏感的是提出"在两岸分治的现实上追求中国统一"的说法，认为是制造分裂的表现，因而进行批判。我的要求则比较低，我认为"李六条"的整体基调是和缓的，但政治分歧是明显的。我指出有关"分裂分治"之类的说法，是台湾当局一贯的主张，这是两岸重大的政治分歧，不经过谈判是不可能有所改变的。只要他能把两岸的政治分歧摆出来，就可以视为两岸政治对话的开始。"李六条"还提出，结束敌对状态的谈判要以大陆宣布放弃使用武力为前提，两岸领导人在国际场合会面等等，这些问题目前双方存在分歧，各自有自己的理由，彼此都无法说服对方，只有通过谈判才能求得解决。提出问题是解决问题的第一步，不妨先从比较容易的问题着手。

我指出，两岸交流这么久，到现在才开始政治性对话。两岸的分歧已经提出来了，我想，大陆方面愿意在汪辜会议上先交换意见。台湾的步子可能会慢一些，这是可以理解的。

这时两岸的气氛是比较好的，直到 5 月底海协常务副会长唐树备还前往台湾，与海基会副董事长焦仁和商谈获得共识，唐在"第二次汪辜会谈预备性磋商"的谈话中，还很客气地引用了"李登辉先生"在"李六条"中所说的话："增进两岸经贸往来，发展互利互补关系。"

可是，几天以后，风云突变，李登辉访美，在康奈尔大学发表演讲，公然制造"两个中国"，鼓吹国家分裂。因此，国台办表示，由于台湾当局近期一连串毒化两岸关系气氛、破坏两岸关系的行为，导致第二次汪辜会谈不能按期举行。从此，两岸关系跌入了谷底。

台湾记者就此事对我进行采访，我说：台湾当局已经用实际行动关上汪辜会谈的大门。在这种气氛下推迟汪辜会谈未尝不是一件好事。对于台湾当局制造"两个中国"的行为，大陆不排除会进一步做出强烈反应的可能性。范希周所长也说：李登辉访美太出格了，台湾有过分的动作，大陆才会有反应。但后来反应的强烈程度是我们未曾估计到的。

杨宪村的预言：民进党执政

1995 年台湾资深新闻工作者杨宪村把刚刚出版的《民进党执政》一书寄赠给我，要我写一篇书评。12 月间，我去新加坡度假，把这本书带去，因而有时间细读，在书上贴满纸条、画了记号，写了许多眉批，并写了书评。

民进党能不能执政？什么时候执政？这是当时人们相当关注的问题，但谁也没有把握做出明确的回答。可是，杨宪村却大胆地预言："未来几年，国民党将愈来愈不是民进党的对手。民进党将日益取代国民党，在政治、经济、文化和社会等方面，占据主导地位，台湾的决策权落在民进党手中，已是迟早的事。"更惊人的是，作者预言：国民党一定会在 2000 年的选举中失利，民进党就会上台。

我当时指出："本书最精彩的部分是对国民党的剖析，作者可以说是已经看透了国民党。"我本来认为民进党没有多大实力，要上台并非易事，但作者从国民党内部进行分析，认定"国民党非垮台不可"，"必垮无疑"，相当令人信服。如果国民党垮了，那么上台的当然只有民进党了。

作者分析了民进党的优势与潜力，也指出民进党执政的主要

障碍，认为只要能够克服这些障碍，应有可能成为执政党。作者强调"台独"是民进党走向执政的"最大障碍"，但又担心民进党"确实也很难放弃或改变这样一个图腾和胎记"。我想，如果民进党不想去克服这个最大的障碍，那么要上台执政就不会那样确定了。

作者还指出：民众寄希望于台湾能与大陆和平共处，让两岸关系自然演进。我也强调：国民党与民进党的角逐，不仅要看台湾内部的形势变化，两岸关系问题也是必须考察的因素。

我当时对作者的深刻分析感到钦佩，但对民进党能否在2000年取得执政地位还持保留态度。1997年11月台湾县市长选举结果国民党遭到惨败，我想杨宪村的预言可能得到证实。那时我也对台湾媒体预言：1999年"立委"选举"国民党不过半已经是可以预期的结果"，未来的形势不是国民党给民进党几席（部会首长）的问题，而是"谁才是执政党"的问题，并且说，大陆早已在研究民进党执政的可能性。后来的事实表明，杨宪村的预言完全正确。因此，当李登辉下台、陈水扁上台时，我立即想到杨宪村当年所说的话，认为只有像他那样在深刻了解台湾各政党实际的基础上作出的高明预测，才能经得起实践的检验。

"预测精确"

1996年3月台湾"大选"结束后，台湾报纸就以"首任'总统'直选得票率，厦大台研所预测精确"为标题做了报道，甚至有人用了"神准"的字眼。台湾"中央社"记者打电话来，说是他们的"老总"要他向我请教：为什么你们的预测那么准？因为早在选前两个月，就有台湾学者前来访问，谈到对选举的预测，我们的初步看法是：李登辉、连战将得到48%～55%的选票，林洋港、郝柏村为15%～18%；彭明敏、谢长廷为23%～25%；陈履安、王清峰为8%～10%。选后，他们发现我们的预测与选举结果"十分接近"，"准确程度甚至超过台湾某些民意调查机构"。国台办的领导也对我说："你们的预测还是很准的。"

我在接受台湾报纸采访时说，我们早就认为李登辉会当选，至于得票率是怎么估算的，我没有细说，报上说我"谦称"是"碰巧的"。当然，我们当时没有可能进行电话"问卷调查"，也没有用电脑统计，我们用的基本上是"经验预测"，根据历次选举的资料，结合本次选举的特点，分析候选人的背景材料，并且加上一些计量分析，还根据我们自己的考虑，有一些"加权"给予调整。这次预测是由本所年轻的研究人员刘国深负责的。

实际上，多年来我们对台湾历次选举都做了预测，这本来没有太大的意义，只是想通过预测，检验我们自己的研究能力。

我一贯不用"宏观预测"，那种用国民党有什么优势、劣势，民进党有什么优势、劣势，然后预测谁会赢、谁会输；选举结果，如果国民党赢了，就讲它的优势与民进党的劣势，如果国民党输了，就讲它的劣势与民进党的优势，这样的预测是没有用的。记得有一次在北京的研讨会上，我发表了这样的意见，有许多人不以为然。

我强调要做"微观预测"，要做得很细。1989年县市长选举时，就由我自己做预测。我是对一个一个县市、一个一个候选人进行分析的，当时预测民进党会得到5～7席，结果他们得到6席。原来预测彰化县民进党籍的周清玉不能当选，结果当选了，这说明预测与现实还有差距。1992年，在选前两天，我邀请政治室的同仁事先投票，对县市长候选人进行"预选"，结果也相当接近。此后，我们对每次选举都做预测，坚持至今。当然预测的手段也有所改善，但由于微观预测需要花很多时间，所以通常只有少数几位成员去做，其他人提供一些参考意见。选举的预测会遇到许多"可变因素"，不可能百分之百正确，也不可能每次都"准"。

1996年的采访经台湾一些报纸发表，后来传到日本、美国等地，一些海外学者见面时，常提起这件事。选后，我们再去台

湾访问时，有人说大陆举行军事演习是要把李登辉拉下来。我说，事实证明我们的预测早已认定李会当选。因为早在选前，我们预测的数据就已经告诉台湾学者了，所以我们的说法还是比较有说服力的。

当时有人把这次选举看成是"统独对决"，他们认定"林（洋港）郝（柏村）"、"陈（履安）王（清峰）"是"统"，而"彭（明敏）谢（长廷）"、"李（登辉）连（战）"为"独"，这样的划分本来就很可笑，而把选举看成"统独对决"更是不了解台湾情况的一种误判。我对媒体说，我认为"李连"当选表明选民希望维持现状，这使得"李连"处在"左右逢源"的有利地位：部分支持民进党的选民，由于对彭明敏没有信心，只好"弃彭保李"，转而支持李登辉；而部分本来支持"林郝"、"陈王"的选民，看到他们已经不成气候，而又不愿意让民进党执政，也只好把票投给了"李连"。

飞弹，飞弹

"大选"之后、李登辉就职之前，本所一行五人由范希周所长率领在4月底5月初访问台湾。走访了文化大学、"国策中心"、政大国关中心、东亚所、选研中心、成功大学、中山大学、《投资中国》杂志社，也访问了国民党、民进党、新党的中央党部。

这次访问是在两岸关系低迷的状态下进行的，1995年李登辉访美带来的两岸紧张关系尚未缓解，1996年3月解放军进行了三波军事演习，台湾方面本来也准备4月份举行"防空导弹演习"和"防护射击演习"，5月份举行"汉光12号"三军联合演习，两岸局势相当紧张。访问期间，我们明显地感受到两岸之间的隔阂、心结、抱怨甚至敌意。这时最敏感的问题当然就是"打炮"。当时有所谓"四评六弹"的说法，就是大陆方面接连发表4篇批判李登辉的文章，向台湾海面发射了6枚导弹。几乎每次开会、每次交谈都会涉及"飞弹"这个话题，影响之大，可想而知。

比较客气的说法是：两岸在理解上有严重误差，大陆觉得问题严重，打了炮，但相信大陆不会动武，不会搞到两败俱伤，兵戎相见是悲剧。我们对大陆没有敌意，对美日也没有特殊的感情，也不允许外国主导台湾政治，只是希望大陆更加尊重台湾。

在"国策中心"有一位学者提出这样的忠告：大陆发射导弹的负面作用是相当严重的，你们付出了不少代价，台湾民众心理受到伤害，这是无法弥补的。台湾民众对大陆的好感日益减少，结果伤害到大陆自己。或者说，打炮让台湾民众感到大陆"很凶"，不可亲，与大陆离心。打炮引起国际媒体的大量报道，使台湾的能见度大增，有助于台湾问题国际化，而对统一不利。可见打炮并不懂得从大陆的利益着想。成功大学一位学者告诉我们：打炮对南部民众冲击很大，对大陆更加疏远。

不客气的说法是："你们一厢情愿，打炮想把李登辉打掉，结果被李利用来发泄对大陆的不满，支持者反而增多，打炮帮了李登辉。""你们说，中国人不打中国人，结果还是打了，让台湾民众增加了恐共仇共情绪。"中山大学一位教授说："大陆以为用武力恫吓可以压服台湾，结果反而引起反感。""南社"成员就更不客气了，他们说："你们把飞弹吊在我们的头顶上，让我们提心吊胆，不知道哪一天会掉下来，你们用飞弹威胁我们台湾人，还算是自己人吗？""只要飞弹不撤除，和平、统一都免谈。"

我们都按照"标准答案"做了说明、解释，可是我们没有能力说服他们。我们说，导弹是对付"台独"的，不会打老百姓。他们说，导弹没有长眼睛，打炮的时候"台独"跑了，或者躲起来了，打到的还是我们。我们说，部署导弹是国防上的需要。他们说，为什么有那么多导弹对准台湾？其实，究竟有多少导弹，他们不知道，我们也不知道。幸好导弹毕竟没有打到台湾，也没有造成任何伤亡，这件事算是过去了，但它在台湾民众头脑中留下的记忆，恐怕很难消除。

摊开来说

在这次访问中，涉及不少争议的问题，出现多种声音，有时颇有"摊开来说"的味道。

第一，"一个中国"与"一国两制"问题。有人说，如果一个中国是中华人民共和国，台湾没有空间，就谈不成。"一国两制"是把台湾当作香港，把台湾"香港化"，台湾不能接受，所以"一国两制"不可能做到和平统一。有人说：两岸都坚持一个中国原则，但目前是分治的。有人说，大陆主张"一个中国"、"一国两制"，不肯考虑台湾的看法，使两岸的回旋空间变得很小。现在双方要明确什么是"一个中国"都很困难，怎么谈得下去？有人主张应当承认两岸是分裂分治的两个对等实体，否则无法谈判。

有人认为李登辉不可能"回到一个中国"，因此，两岸政治谈判是不可能的。中山大学有一位学者认为"一国两制"对台湾没有好处，台湾不能得到什么东西，大陆能给的东西，台湾都已经有了。所以关键不在"一国两制"，而在于大陆的现代化，"如果大陆富强，台湾当然愿意统一"。类似的看法，在政大东亚所也曾听到，有人说：如果中国大陆富国强兵，大力推动政治改革，台湾人民一定希望统一，现在和平统一的条件还没有具备。

有人提出：两岸关系的定位要先解决，关系模糊，交流就不可能有序，并主张双方可以用"一个中国下两个制度的执行法人"的对等身份进行协商。有人则认为如果一个中国是指包括大陆与台湾在内的现实的中国，还可以接受。但也有人主张，大陆应当承认在两岸统一之前，"中华民国"或"'中华民国'在台湾"是一个国家。中山大学一位学者认为对"一个中国"各说各话的时间已经过去了，现在应当开始面对面的沟通。

第二，统独问题。在政大选研中心，有人估算，主张"独"的约占 13%，主张"统"的约占 30%，千岛湖事件后，减少到 20% 多一点，军事演习后下降更多。

1996年访问政治大学，会见赵春山教授

1996年访问政治大学选研中心

1996年访问成功大学

原来主张"统"的转变为维持现状，而且主张"统"的人不愿意表达意见。民进党从1991年以后平均得票率为39%，可见并不都是"独"的票。成功大学一位学者也说，支持民进党的30%多的人不等于"台独"，"本土化"也不等于"台独"。在国关中心，有人提出：今天在台湾的执政者不可能急统，也不可能急独，只能尊重大多数。在"统盟"，听到一种极端的说法："在台湾，没有亲中的力量。"民进党人则说，大陆一听见"台独"就觉得"怪怪的"，而民进党一听到"统一"也觉得"怪怪的"，所以这几年互动很不愉快，我们"被拒绝"来往。还有人劝我们不要把李登辉说成"台独"，但有一位计程车司机则说："李登辉想的是独，说的是统，做的是不独不统。"这或许是民间流传的一种相当风趣的说法。

第三，国际空间问题。"国策中心"一位学者提出：大陆对台湾在"外交"上的压力不要那么大，采取弹性政策，台湾就不会向大陆挑战，两岸可以"外交休兵"。另一位学者认为，台湾70%的人有国际活动，所以不能只要经济空间，台湾不能不搞务实"外交"，大陆还停留在冷战时代的思维，缺乏前瞻性。有人提出，国际空间问题有可能做的先做，像参与联合国的事，就应当低调些。

第四，两岸僵局如何解套？在讨论这个问题时，两岸学者的意见分歧较大。台湾媒体报道说：台湾教授大多是希望保持现状，大陆不要过于"侵逼"，而大陆学者则多是希望先解决一个中国问题。我们在发言中指出，李登辉一再讲"'中华民国'在

1996年访问中山大学，会见姜新立教授

1996年访问"统盟"

1996年访问投资中国社

台湾"，意思是说"中华人民共和国在大陆"，这就造成"两个中国"，所以，我们希望能够找到一个双方可以接受的表述，以便今后开展对话与协商。本所所长范希周指出，两会事务性商谈无法解决两岸结构性根本分歧，应当把"汪辜会谈"提升到政治性协商的层级或作为政治接触的可行管道。台湾学者则强调李登辉没有"台独"的立场，大陆不要有"预设立场"。两岸之间如果过于坚持主权，就容易引起战端，因此两岸需要研究在什么样的现状下相处对双方最有利。

这已经是十几年前的事了，现在看来两岸在政治问题上的进展是相当缓慢的。两岸关系向前推进是一个长期、复杂、艰苦的过程，由此也可以得到一个印证。

要有一定气度

李登辉的就职演说是大家关注的焦点，面对台湾媒体的采访，我说，我们对李登辉的演说本来就没有太大的期待，因为他对两岸关系的看法与政策短期内不会有重大的变化。他的"五二〇演说"采取避实就虚的做法，回避了"一个中国"问题，而强调台湾"主权独立"与推动务实"外交"，这表明他并不想回到一个中国原则上来。范希周认为两岸关系还会有一段不稳定的时期。我们都认为对于这个演说不需要给予什么回应。

一个月以后，大陆仍然没有对李登辉的演说做出回应，可是香港《南华早报》却传出"江泽民可能亲自访问台湾"的消息，台湾《"中央日报"》记者就此向我采访，我十分明确地回答："绝不可能。"江泽民曾经说过欢迎台湾当局领导人以适当身份前来大陆访问，我们也愿意接受台湾方面的邀请前往台湾，但是，明确指出要"在一个中国的前提下"。在台湾当局尚未回到一个中国原则的时候，居然说江泽民要主动访问台湾，那是毫无根据的，也是不了解两岸关系现状的一种表现。

就职一年后，1997 年 5 月李登辉宣布不再竞选连任，同时

对两岸关系发表了不少看法。台湾《联合报》记者采访问我，我说，是否不再竞选，还要观察。后来事实证明，他的这个承诺欺骗了不少人，连民进党人也相信了，可是他最后还是再度参加竞选，在李登辉那里，什么承诺、什么诚信，根本不值一文。那天，李还讲了很多话，例如，说大陆对他猜疑很重，"我们做每件事情都说我们要搞'台独'，连睡觉与呼吸也是'台独'，猜疑重，敌意也深"；我想，可以倒过来想，你为什么会给大陆有这样的想法呢？又如，李说他要两会会谈，大陆不肯谈。我说，我们没有把门堵死，但要气氛合适才行，这就需要双方做出努力。李说，"我们目前要忍耐，好话要多说一点"，我认为这样说话，当然不是诚意的话了。我说，在双方还有敌意的时候，重要的是不要刺激对方，特别是领导人应当有一定的气度。

政治干预教科书

1997 年台湾方面出版了"国中"（初中）教材——《认识台湾》，包括历史、社会、地理三种。其中"社会篇"最明显地反映了"台独"的观点，"历史篇"也存在一些问题，引起台湾政界和学界的争论。12 月间，在福建武夷山市举行的"海峡两岸台湾开发史学术研讨会"也请了台湾历史学者黄富三、许雪姬以及一些政治、经济方面的学者参加。

我写的论文就是有关《认识台湾》问题的，会前，有些台湾学者似乎以为我要找他们的麻烦。我认为学术问题要和政治问题区别开来，在"历史篇"编委会中有不少台湾历史的专家，他们和我们所里几位研究台湾历史的学者有较多的接触和交往，我们知道他们是学者，是不愿意让政治来干预学术的，但是他们对"政治与学术的关系"看法和我们不同，有些问题是从这里引起的；当然，也有人受到"台独"思想的影响，从主观上力图抹杀或削弱台湾与祖国大陆的关系，这样，问题就严重了。

我在发言中，首先肯定了该书有尊重史实、客观中立的一面，同时也指出经过有关人士提出问题以后，有些地方已经做了改正。但还存在一些问题，例如，有人强调"台湾的台湾"，使得教科书实际上排斥了"中国的台湾"；一些所谓"客观中立"的提法，本身就具有倾向性，例如，不说日本"侵占"台湾，而说"取得"台湾；不说"日本投降，台湾光复"，而说"终战"。

我们向来主张，对于学术上的分歧，只能以平等讨论的方式，摆事实，讲道理，诚恳地提出意见，目的是要使人家有可能接受，而不能居高临下地去"批判"或"纠正"别人，那样效果将适得其反。会后听说，台湾学者认为有些问题的看法还有不同，有些意见还是可以接受的。

事后，本所同仁还将我们对《认识台湾》教科书的评论汇集成书，在观点上、史实上提出了一些商榷，尤其是有关对日据时期台湾历史的看法，与台湾学者有较大的差异，这可以算是我们与台湾学界对话的一次记录。

赴台受阻

1998 年 2 月台湾厦潮基金会邀请我和郭平坦等 12 位大陆学者组团访问台湾，参加"认识台湾历史研讨会"。可是台湾当局却表示"歉难同意"而拒绝核发入台证。对此，厦潮基金会发表声明表示抗议。香港《信报》以"陈孔立被拒赴台事件的启示"为题发表评论，指出："歉难同意"四个字寓意深长，可圈可点，但在两岸当局口头上不断要改善关系的时候，此举却显得"诡异非常"。评论认为之所以被拒，与厦潮基金会有关，因为厦潮被视为"统派团体"和亲大陆组织，情治系统对其进行严密监控，对其活动与政治动机夸大其词，引起当局不必要的惊恐，才有拒之门外的反常举措。

我在给会议主办单位的信中说，10 年前我应台湾史研究会的邀请，申请入台受阻，这与当时形势有关，可以理解。10 年后，又出现拒绝入境的情况，真有"时光倒流"之感。我曾多次

赴台，讨论的都是敏感的政治问题，并没有受到阻碍，而这次讨论的是日据时代的台湾历史，不涉及敏感问题，我想不出有什么"难"，又何需"歉"呢？

记得 1995 年在马关条约 100 周年纪念时，台湾举办"台湾命运的回顾与展望研讨会"，邀请日本、美国的政客和学者到会，其中有人竟说出"台湾不应属于中国"，有人为日本殖民统治歌功颂德，当局并没有"歉难同意"，反而受到领导人的接见，奉为上宾。何厚彼薄此之有？

无独有偶，当年 8 月厦潮基金会又要举办"一个中国面面观学术研讨会"，邀请 13 位大陆学者参加，我已经写好论文《两岸政治谈判展望》提交主办单位。台湾当局又以"现阶段研讨两岸问题恐将引起诸多政治性争议"为由，拒绝大陆学者入境，但会议却开成了，而且还有民进党人参加。据报道，"陆委会"、"国安局"等单位认为统派团体"大张旗鼓讨论国家认同、定位问题，有为中共统战之虑"。于是我们便被拒之门外。

"外甥"的期盼

1999 年 1 月，海协组织几个专家组，访问美国、日本、东南亚。我参加东南亚组，访问了泰国和新加坡。在泰国朱拉隆功大学中国研究中心座谈时，有一些学者和华人社团人士同台湾保持相当密切的关系，对两岸关系十分关心，大家没有估计到现在两岸开始政治对话了。他们很少有机会同来自中国大陆的学者交谈，因此显得相当兴奋和激动。有一位学者说，孙中山先生说，华侨是革命之母，我们可以说是"统一之友"，对两岸都保持友好关系。还有一位学者说，华侨是祖国的女儿，我们是第二代、第三代，应当算是祖国的"外甥"或"外孙"，我们都关心中国的发展，希望两岸尽快统一。现在两岸关系紧张，我们希望"大舅舅"要宽容一些，要让"小舅舅"，大家和好，共同发展。

对于他们以朴素的语言说出的心里话，我们都很感动。我向他们说明了中国政府的和平统一方针，说明了我们为什么主张两岸进行政治谈判。我们主张"在一个中国原则下什么都可以谈"，我相信，谈起来以后，什么问题都有可能让。我们在香港、澳门的谈判过程中，还照顾到英方、葡方的利益，对台湾同胞肯定会尊重他们的意愿、维护他们的权益。不过，只有四个字不能让，那就是"一个中国"，因为不承认"一个中国"，就失去了两岸关系发展的基础。事后，他们认为我们的说法是通情达理的，他们也认为"一个中国"是不能让的。

在曼谷，有一位台湾商人提出，大陆主张和平统一，这是很好的，可是没有把和平统一对台湾有什么好处讲清楚，这是一个缺点。他说，作为商人，他只能用商业上的事例来说明。当前有许多大公司收购了小公司，结果小公司都很满意，原因是大公司既"搞

1999年作者参加海协专家组访问泰国，左三是张铭清教授

定"了股东，又"摆平"了经理人员，二者都得到好处。中国统一，既要对台湾同胞有利，又要对台湾当局有利，这样，统一就不难，如果没有好处，统一就难了。我们听了以后，感到很受启发。过去在这方面做得不够，或是只讲统一对两岸的发展有什么好处之类的大道理，而没有针对台湾同胞切身利益进行深入的考虑。我相信随着两岸关系的发展，新的课题会不断地提出和得到解决。这位台商的意见是值得我们重视的。

在新加坡东亚研究所座谈时，主持会议的是我熟悉的王赓武所长，在座的都是当地和来自世界各地的学者，其中也有几位台湾学者。有些学者对台湾以及两岸关系有相当的研究，有的则是似懂非懂却自以为是，很"敢"发言。这时刚好遇到台湾海基会秘书长许惠祐向海协提出"强人所难"的批评，又有台湾参加战略防御系统（TMD）的问题，所以座谈会的问题十分广泛，意见也相当尖锐。

我们谈到"汪辜会谈"的四项共识，反驳了许惠祐所说我们主张两岸进行政治对话是"强人所难"、汪老去台湾只是"单纯回访"的说法。《联合早报》报道，我说，我们并没有要求以政治谈判为前提，但是"汪老这么大年纪到台湾去，总不能只去听听京剧，他总要使两岸关系向前推进一步"。还报道说，我说"台湾说大话"，这指的是台湾领导人说 TMD 对亚太地区的安定与安全有特别意义，所以他们要参加。我说，还是民进党人说得坦白：参加 TMD 是为了在政治、"外交"和军事方面，借助美国势力对抗大陆。我相信如果台湾当局决定参加 TMD，大陆将会做出强烈的反应。

我们指出，我们主张通过政治对话，进入程序性商谈，然后进行政治谈判，因为只有通过政治谈判才能解决双方的政治歧见，我们已经做好准备。现在困难在台湾一边，因为他们内部未达成共识，还没有准备同我们进行政治谈判，所以一直拖着，只想用事务性谈判加以应付。

他们不想谈政治

1999 年 5 月，我应台湾政治大学选举研究中心的邀请前去参加一个研讨会，有机会参观了政治大学、成功大学、"中研院"的民意调查研究中心和传讯电视，了解他们进行民意调查的具体做法，获得了一些统计资料，颇有收获。

在会上，见到了吴安家教授，他现在已经是一位官员——"陆委会"副主委。他约请我们在一家日本式的茶馆用餐。当时，汪老正准备访问台湾，我们就从这里谈起。他说，1993 年汪辜会谈是一个重大转变，本来两会可以进行制度化交流，可是后来中断了，因为你们不按协议办。我说：据我看，我们本来是要按协议办的，双方会谈过好几次。李登辉去美国以前，唐树备还去了台湾，显然是准备继续谈的。后来因为你们要搞"两个中国"，两会商谈才不能不停止。

吴说，商谈应当循序渐进，从易到难，先谈事务性，再谈政治性。我说，这本来也不错，可是每次都是因为你们提出政治问题，商谈不下去，我们才主张进行政治谈判，同时可以进行事务性商谈，把政治问题归到政治谈判中谈。他感到这个问题谈不来，就改换了话题。

吴说，两岸关系关键在你们要打，这就没有办法谈了。我说，解决台湾问题的方针是和平统一，这是共产党定的，立足于和，而不是立足于打。他说，你们军方要打。我说，军方也要听党中央的。他对此表示怀疑。

后来谈到汪老访台的事，他说不要强调政治对话，只要能够来就有重要意义。我说，汪老很有使命感，他来访总要使两岸关系向前推进一步才好。吴颇不以为然。我得出一个印象是：台湾不想政治对话，他们真有困难，可能在"大选"之前，还顾不上谈判，也可能他们根本就不想进行政治谈判。我听说有人认为"中共谈判很厉害，只要一坐上谈判桌，台湾就输定了"，"一谈政治，国际上就会认为两岸已经在谈统一了"，因此他们不肯跨

越"雷池"一步。当然这只是少数人的看法，但不知道对台湾当局是否发生了某种影响。

后来的事实证明，台湾当局真的不想进行政治谈判，而大陆方面却积极推动政治谈判，这个差异似乎一直延续至今。两岸政治谈判已经等了十几年了，看来还要等下去。

两种"民族主义"

会议还组织了一个报告会，由国民党、民进党、新党、建国党四个政党的代表在会上宣讲他们对两岸关系的政策与态度。我们三位大陆学者被列入参与讨论的名单之中。报告之后，有许多学者发言，出现针锋相对的意见，然后轮到我们发言了。我想，在这样的场合，我本来没有准备参与讨论，也不可能对台湾各政党的政策一一进行评论，也不想卷入他们的争论之中。

因此，我对会议主办单位提供这样一个机会，让我们获得台湾各政党的第一手资料，表示感谢，并且说已经记录下来，回去好好研究。接着，我针对会上有好几位提到的"民族主义"发表看法。

当时正值美国飞机轰炸中国驻南斯拉夫大使馆的事件发生，5月7日有5枚炸弹全部命中，造成3名中国记者丧生，多人受伤，馆舍严重毁坏，这就激起了中国民众的愤慨，自发地举行示威游行，表示抗议。可是，美国却以"误炸"来解释，以致国际上许多人认为是中国可怕的民族主义正在抬头。在大会发言中，就有以"误炸"为由，来谴责大陆民众的"民族主义"。

我说，你们说不理解为什么大陆会出现这样强烈的民族主义。大陆人民可能也无法理解你们为什么不经证实就认定美国是"误炸"？那是发发命中，能够"误"得这么准吗？我指出有两种民族主义，一种是盲目排外的狭隘的民族主义，不分青红皂白见外国就反，导致爆发种种不理性的行动，或鼓吹民族歧视、煽动民族仇恨，甚至发动对其他民族的侵略战争。一种是维护民族尊严、主张民族平等、反对民族压迫的民族主义，经过一百多年遭受外国侵略的中国，需要这样的正义的可贵的民族主义。有人担心当前大陆的"民族主义"会导致国际关系紧张，我认为这一点尽可放心，我们的政府会引导民众从国家根本利益出发，自觉维护大局，依照国际关系准则办事，绝不会出现过激的行动。

我只能表达自己的情感，显然这个观点很难让他们接受。由此可见，在此类问题上，两岸由于不同的历史经验，产生了不同的政治文化，在政治心理上存在相当大的差异，这是在短期内难以获得共识的。

"两国论"与李登辉下台

1999 年 7 月 9 日李登辉公然提出两岸是"特殊的国与国关系"，我指出，李登辉已经发表过很多关于"两个中国"的讲话，他即将下台，我们更加重视的是，如果这类讲话出自台湾其他领导人的口，问题就严重了。

14 日，我们正在泉州市参加"两岸关系学术研讨会"，得知国民党方面有人附和李登辉的说法，我立即要求在大会发言。我说，两岸关系好不容易走向缓和，李登辉却发表这种言论，而且得到台湾某些负责人的附和，现在问题更严重了。这将严重破坏两岸关系平稳发展的基础，极大损害台湾人民的利益，也把汪道涵访问台湾的大门堵死了。范希周也指出：这是台湾当局在两岸关系上前所未有的倒退，如果这是台湾当局对两岸关系的重新定位，那就是值得海内外所有中国人警惕的"玩火"行为。

其实，李登辉在 5 月份（1999 年）出版的《台湾的主张》一书中，提出所谓"摆脱大中华主义"的分裂主义言论，就已经为"两国论"留下了伏笔。

李登辉把"大中华主义"界定为"与霸权主义相结合的民族主义"，把大中华主义视为高居于其他民族之上，歧视、压迫、侵略、奴役其他民族的"大民族主义"。他说，大中华主义对亚

洲其他国家存在威胁，还会威胁到"美国、日本亚太事务的领导地位"，一旦大陆有能力分享美国的利益，就会把美国势力驱出亚洲，也会威胁日本的存在。更严重的是，他说：中共经常以霸权心态威吓台湾，用"斗争"、"吃掉"的心态面对两岸关系，台湾的存在出现危机，会被中共吞并。因此他求助于美国、日本，并且煽动台湾民众"摆脱大中华主义"。

大家知道，中国的和平发展不会对任何国家造成威胁，中国历来主张和平统一，早已表明统一"不是我吃掉你，也不是你吃掉我"。李登辉所谓"摆脱大中华主义"就是要摆脱一个中国。他早就主张"一个分治的中国"、"两个对等的政治实体"，甚至主张"中国分权分治"，"大约分成七个区域"，这样，他就可以把中国从大变小，从强变弱，"一个中国"就没有了，他"摆脱中国"的目的就可以实现。但是，他还嫌"摆脱大中华主义"不能明确表达他的真正意图，于是，干脆喊出了"两国论"，公开露骨地显示他分裂祖国的险恶用心。

半年以后，李登辉下台了，是他把国民党政权一齐拉下台。在接受新加坡《联合早报》采访时，我说，几年前民进党人就说过："李登辉是国民党政权的终结者。"是的，是李登辉亲手把国民党政权葬送掉。台湾民众对国民党的不满是李登辉造成的，李登辉造成了国民党的分裂。李登辉被轰下台对两岸关系并没有什么影响，他已经"过气"了，李登辉的时代已经过了。

三、2000—2004

向"一个中国"靠近

2000 年 3 月陈水扁以 39.9% 的得票率当选"总统",这就是说有 60% 的人没有投票给他。当选之后,大家都关注他的"五二〇就职演说"究竟会怎么说。当时范希周所长表示,中共在对台政策白皮书中已经清楚表明,对于台湾新任领导人,不论是谁,中共都将给予一段时间的观察期,而陈水扁当选的结果,这段观察期将更为严苛,中共将注视陈水扁的所有一举一动。

4 月间台湾记者采访我,我说:《两岸关系》杂志有一篇文章指出,陈水扁应当承认一个中国原则,承认台湾是中国的一部分,切实履行他说过的"四不":不宣布"台独"、不将"两国论"入宪、不更改"国号"、不"公投"入宪。这已经给予陈水扁很大的空间了。但是,中国的白皮书上明确写着:"中华人民共和国政府是代表全中国的唯一合法政府。"因此民进党人认为如果接受一个中国原则无异于说明"'中华民国政府'不是合法政府"。我认为要他完全认同一个中国原则有实际的困难,于是如何回应一个中国原则,对陈水扁及其智囊是一个考验。我在访谈中指出,不一定要他讲出"一个中国",如果陈水扁能够提到"1992 年两岸达成的共识",能够向"国统纲领"的一个中国原则靠近一点,两岸就有可能"柳暗花明又一村"。

陈水扁的"五二〇演说"回避了一个中国原则,也没有说出之前不久他自己说过的"两岸一家人",而是强调"未来的一个

中国问题"，我认为这是倒退的表现。可是，当时有人认为陈水扁的演说表明两岸关系将朝着缓和方向发展，很有善意，给他打了七八十分。我指出，之前陈水扁说过，他的演说会使台湾民众接受、美国满意、国际社会肯定，而大陆肯定不满意。演讲之后，他又说，大陆肯定是不满意的，问题很复杂，如果问题简单早就解决了。他自己都认为大陆肯定不满意，而大陆却有人给他打了高分，这样的评价恐怕连陈水扁本人也会认为"过奖了"。不过，国台办的声明还给他留有余地，只要不搞"台独"，明确承诺各自以口头方式表述两岸均坚持一个中国原则的共识，两会还可以接触对话。我认为这已经"非常客气"了，还给他一个观察期，继续"听其言、观其行"。

"听言观行" 第一年

对陈水扁的"听其言，观其行"，在他上台的第一年有如下记录：

"五二〇演说"提到"没有废除'国统纲领'与"国统会"的问题"，可是，6月20日他却说1992年没有共识，6月27日改变为承认当年有共识，但却不承诺当时坚持的一个中国原则，这就表明陈水扁公然不承认"国统纲领"与"国统会"1992年的决议。他在"五二〇演说"中承诺的这一项已经不认账了。

5月20日陈水扁说要"共同处理未来的一个中国问题"，6月20日说要寻找一个中国的含义，6月27日说愿意接受"一个中国，各自表述"的共识，曾经引起各界的震动，可是第二天，蔡英文立即说明陈水扁并没有接受一个中国原则，陈水扁就不吭声了。

7月初，高雄市长谢长廷收到厦门市长朱亚衍的邀请，准备访问厦门，开展"城市交流"。他们已经组成20人的访问团，委托旅行社代订港龙航空班机机位，计划在7月10日出发。他们拟订了访问日程，并且准备以台湾猕猴交换大陆的熊猫。可是，陈水扁当局却以"与现行法令不符"、"访问日程空白太多、太过含混"为由，不予批准。对此，我在接受采访时表示：对于台湾任何愿意为降低两岸关系紧张的人士，中共都会予以肯定。谢长廷无法成行，说明台湾内部阻力很大，再次失去了缓和两岸关系的机会。事后，台湾当局"陆委会"负责人表示对谢长廷提出的"宪法是一个中国的架构"的说法感到"不解"，看来这才是不让他访问厦门的根本原因。

7月底，陈水扁提出所谓"九二精神"，我指出，这种说法似乎颇有新意，其实不然，目的是否定"九二共识"。当时辜振甫提出要"搁置对一个中国含义的争议"，而陈水扁则主张"搁置对一个中国原则的争议"，而"九二共识"是双方均坚持一个中国原则，在原则问题上是没有争议的。陈水扁把一个中国原则说成有争议，就是要否定"九二共识"，也就否定了一个中国原则。

8月间，陈水扁表示要暂时兼任"国统会"主委，这本来是正常的事，前任"总统"就兼了"国统会"的主委。可是，第二天，陈水扁又说是否兼任，还未决定。如果他兼任这一职务，说明他还遵守"四不一没有"的承诺，如果不兼，就说明他要摆脱"国统会"与"国统纲领"，那问题就出来了。所以，陈水扁究竟是否愿意兼任，成为当时"听其言，观其行"的一个焦点。后来的事实表明，陈水扁始终不愿意与"国统会"沾上边。

"跨党派小组"召集人李远哲本来相信"只要有具体的意见和共识，阿扁都会诚心采纳，合力落实"。可是，到了年底，李远哲提出"一个中国是不可回避的"，"各自口头表述

一个中国的立场"的主张，却被陈水扁否定了。我当时指出：跨党派小组的主要任务是"凝聚全民共识"，实际上这是一个无法完成的任务。李远哲对陈水扁的信心不是建立在政治共识的基础上，结果他不得不放弃自己的主张，他的小组只能拿出一个"没有共识的共识"、"没有结论的结论"。

少数"政府"是病根

陈水扁以不及四成的得票率当选后，他知道自己处于弱势，同时，民进党在"立法院"中只是一个少数党，按理应当组织"联合'政府'"，与其他政党共同执政。当时民进党内林浊水等人就认为应当寻求"国会"党团的结盟，拥有过半数"国会"席次的支持，"内阁"才能顺利施政。但陈水扁不愿与国民党分享权力，也不愿意与国民党商量，只是让一些国民党人与无党派人士以个人名义充当某些部会首长，组成所谓"全民'政府'"，并由国民党籍的唐飞担任"行政院长"，企图用心安抚在野党，达到稳定局势的目的。由于这个"政府"没有得到"立法院"中半数以上的支持，所以是一个典型的"少数'政府'"。

早在好几年前，我就对民进党人说，你们如果要执政，我看最主要的问题在于"干部准备不够"，没有当官的人才。他们回答说，你放心好了，一旦我们当权，国民党的人才就会为我所有。果然，他们不得不起用了一些国民党人。当时被台湾民众"选"下台的国民党，成为陈水扁的手下败将，内部几乎已经分崩离析，他们不敢对陈水扁说"不"，只能眼睁睁地看着自己的干部为"敌营"所用，也无力抵抗。

失败的国民党没有也不想利用在"立法院"中的多数党地位，迫使陈水扁答应由"多数党组阁"，至少也要组成"联合内阁"。因此，实际上是国民党帮了陈水扁的忙，让他们在没有多大阻力下，组成由陈水扁主导的"全民'政府'"。在这个"政府"中，陈水扁有权无责，唐飞有责无权。唐飞既不是国民党的代表，民进党更不把他当作自己人，他只能是陈水扁的"幕僚长"。

即使这样，民进党人还是不高兴，因为多数人并没有分到"胜利的果实"，他们认为只是陈水扁执政，而民进党并没有执政。民进党人开始对"扁唐体制"不满，向唐飞"施压"、"逼退"，上台才四个月唐飞只好辞职下台。陈水扁起用民进党人张俊雄继任"行政院长"，再度抛弃"联合'政府'"，这时再说是"全民'政府'"已经没有人相信了，它已经变成清一色的民进党"少数'政府'"。我当时指出：按理"少数'政府'"应当与多数党取得妥协，与多数民意取得妥协，才能巩固执政地位，可是，在民进党面前"妥协"是不可能的，因此，少数党执政与多数党之间的对抗必然不断出现，"少数'政府'"成为台湾政局的病根与乱源。范希周也说，陈水扁的"政府"是少数党的"政府"，他势必强行执政，因而会加剧"行政院"与"立法院"的对抗，加剧政党之间的抗争，加剧台湾社会的矛盾。

后来，由于处理"核四案"，少数"政府"明显违背多数民意，引起对立，甚至有人提出要"倒阁"。有人指出，陈水扁不关心政务只关心权力，政不通人不和，接着，在野三党发动"罢免"陈水扁，社会公众普遍认为陈水扁执政以来经济恶化、两岸关系恶化、社会乱象丛生。2001年10月我在接受采访时说：这一年多来台湾的病，病根就在"少数'政府'"上，就在不顾多数民意的"少数'政府'"上。可能陈水扁看到了这一点，所以他才说要组织"联合'政府'"。但是，我认为这只是一种试探，也是一个诱饵，挑动在野党之间的权力争夺。如果民进党的2001年年底"立委"选举中成为第一大党，陈水扁就不会把政权拿出来与其他政党分享；反之，如果民进党不能成为第一大党，他也不肯交出"组阁权"，因此陈水扁所谓选后组成"联合'政府'"，只是一张空头支票。

"立委"选举之后，民进党成为第一大党，但它在"立法院"仍然没有取得过半的支持，仍然是"国会少数"。民进党没

有实力将政治大饼"整碗捧去"，也不肯让别人按实力平等地"分食"，结果他们不肯组成"联合'政府'"，而继续保持"少数'政府'"。因此，台湾政局的"病"与"乱"势必还要继续下去。

旁听蓝绿论战

"台湾政局走向与海峡两岸关系"研讨会，2000年12月由香港大学亚洲研究中心与香港政策研究所在港大召开，台湾各党派都有代表参加。大陆方面只有上海东亚研究所所长章念驰和我到会。在会上，我们"旁听"了台湾蓝绿之间的论战。

在2000年"大选"时，邵宗海是站在宋楚瑜一方的，他强调大选是"成功的政党政治实践"，并且赞扬宋楚瑜的"民主风范"。他批评扁"政府"是"少数'政府'"，上台后没有珍惜民意，"政府"的表现与民众有差距，对大陆的政策不清楚，回避"一个中国"，对台湾前途也不确定，明年（2001年）"立委"选举，民进党能否达到85席，对台湾走向有很大影响。

台大教授张麟征则指出，台湾的"政党轮替"几乎变成"国家轮替"。"五二〇演说"还有包装，后来则倒退了。少数"总统"、"少数'政府'"、少数政党怎么办？要组成联合内阁或所谓"全民'政府'"都没有可能。民进党的政策不能得到多数的支持，他们实力有限却要"全面操控"。在野党要能整合，才能与民进党开展良性竞争，可是，三党理念不一，主张不同，领导人有心结，政党利益有冲突，三党合作有危机。

新党的李炳南先肯定民进党对台湾民主运动有贡献，接着批评民进党与资本的关系，认为陈水扁的"国政顾问团"与资本结合，这是很严重的。民进党原来主张"总统制"，后来又提出"双首长制"，"行政院长"的任命应归"立法院"多数。这本来是民进党承认的事，现在却不承认了。他批评"少数'政府'""无能"，也批评在野党"无所作为"，主张回归"1992年一中各表"，回归"1997年宪政体制"。

走近两岸

民进党的林浊水则集中批判国民党。他说，国民党来台湾，
"没有社会联系"，是外来政党，以反攻大陆作为"国家目标"，
对社会各阶级采取中立态度，统治机器过分庞大（公务员加上
军队有 100 万）。在李登辉时代才重新建立了国民党的社会基础。
但国民党在连战领导下走向"新党化"，国民党人阳奉阴违，这
对国民党不会有利，对民进党不会有害，而对亲民党有利。宋楚
瑜不走"新党化"的方向，走中庸路线，得到肯定。他认为"立
委"选举，国民党会失掉 30～40 席，民进党会增加 10～20 席，
三党不过半，会组成"在野联盟"与民进党对抗。"联合'政
府'"是不可能的，"总统"将长期辅导"政府"，台湾坏不下去。

此前，有一位台湾学者对我们说，民进党对北京的排斥，是
国民党教的。陈水扁是在试探北京的底线，他是不会做出有利于
两岸关系发展的事的。我们没有介入此类问题的讨论，但把他们
的发言作为第一手参考资料，留待研究。

"统合论"的走向

2001 年陈水扁发表"元旦演说"，当时大陆方面有人评论说
"有模糊的新意，有利于统一"，有人则说"表面上有进步，实际
上是老调重弹"。范希周所长认为陈水扁的基本立场不变，但试
图在两岸互动上表达一种善意，留下一定空间，"特别是他提到
'中华民国'体制上的问题，可见陈水扁确实有这样的想法与意
念要传达给北京"。我表示，陈水扁讲了一些过去没有提过、说
过的话，如"政治统合"、"希望生活在同一屋檐下"、"两岸原是
一家人"等等，这些都不是"老调"，还是有新意的。但我认为
陈水扁还是回避一个中国原则，没有明确回到"九二共识"。

至于两岸"政治统合"的说法，我觉得含义比较模糊，有
待进一步研究。后来新党秘书长李炳南教授邀请我参加 1 月 7 日
在台北举行的"寻求两岸统合之路"研讨会，我未能到会，但写
了文章。我认为"政治统合"确实是一个新的提法，在统独光谱

中，加上"统合"这个区域，它应当是靠近"统"的，而不是靠近"独"的。但"统合"有别于统一，要看怎么解释：如果统合是走向统一过程的一个阶段，则朝向"合"的方向；如果把统合与统一对立起来，只有统合没有统一，那就是朝向"分"的方向。这是需要讲清楚的。我还指出，如果没有实际行动，只是说些漂亮话，相信过不了多久，就没有人再对这种"统合论"感兴趣了。事实果然如此，陈水扁的"统合论"很快就销声匿迹了。

后来有一位民进党人对我说，当年陈水扁提出"统合论"是一种善意，大陆却没有给予回应。我说，由于"统合论"含义模糊，我作为一个学者只是提出一个"走向"问题，你们都不敢回答，大陆怎么可能根据模糊的说法就肯定那是"善意"的表现呢？

中学老师的声音

2001年4月间，我们接待了一批从高雄来的中学老师，让我们听到南部基层的声音。

这些老师很关心下一代的前途，他们讲了下面的故事：他们从小受到反共的教育，对中共没有好感，但也没有仇恨。没有来过大陆之前，认为大陆是"土匪"，经济很差，看不起大陆。后来自己读中共的历史书，多次来大陆观光，眼见为实，才知道大陆的强大。现在高雄许多店面出售或出租，市场冷清，而厦门十分繁荣，大家都觉得厦门比高雄好。实地看了以后，很多人说："台湾将来一定是大陆的了。"有一位老师决定把她的儿女送到北京来读书。她说，有不少人打算"跟进"。

他们说，现在年轻人多数已经"洋化"了，没有什么祖国认同。你对他们说历史上、政治上、法律上台湾属于中国，对他们没有意义，听不进去，也不会接受，他们关心的是切身利益。一般民众认为现在两岸各管各的、友好合作不是很好吗？你们为什么非要台湾不可？你们用军事演习恐吓我们，算了吧，饶了我们可怜的台湾民众吧。

他们还讲了民进党"很会选举"的故事：有一位医院院长，可以掌握一万多票。这票是怎么来的呢？他规定来看病的人，只要加入民进党，挂号就不要钱。党证留在医院里，选举时才拿出党证，按医院指定的候选人投票。院长掌握选票，分配医生、护士分别掌控几百个病人，而医院的"金主"则指挥院长，按他的意愿投票。就这样，一个院长居然掌握了一个选区的近三分之一的票源。另外一个实例是，一位参选"立委"的民进党人士，为了争取黑道的支持，托人带去拜会黑道头子。有十几个文身、嚼槟榔的流氓坐在楼上，这个民进党人低声下气地坐在一旁，听他们高谈阔论两个小时，最后黑道头子答应给他十万票，条件是要陪他们吃一顿面。

这些故事未经核实，但总算是来自基层的声音，录以备查。

两岸关系还不算恶化

陈水扁上台后一年，两岸关系呈现"三变三不变"的态势。

所谓"三不变"，第一，大陆坚持"和平统一，一国两制"方针不变；第二，大陆坚持一个中国原则、坚持"九二共识"不变；第三，台湾当局承诺的"四不一没有"，虽有退缩，但还不敢改变。其实，当初陈水扁是被迫说出"四不一没有"的，他知道基本教义派一定反对，所以向他们说明"那是在美国压力下不得不做的"，并且安排独派大佬担任资政、"国策顾问"等位子，让他们不发一语，实际上党内仍有不同看法，只是暂时被陈水扁压下来了。

所谓三变，第一，一个中国原则得到愈来愈多的人认同和支持；第二，台湾当局在口头上有些变化，例如，说依据"宪法"，"一个中国原本不是问题"，陈水扁提出"统合论"，但只停留在口头上，没有任何实质上的变化；第三，民进党内部发生一些变化，有些人愿意为改善两岸关系做出努力。

因此，我认为不能因为台湾当局说两岸关系没有恶化，我们就说恶化了。认同一个中国原则与"九二共识"的人增加，这一成绩不容忽视。两岸关系的发展不能只就两岸看两岸，还要考虑大陆内部因素、台湾内部因素以及国际因素等等。美国公然售给台湾进攻性武器，公然声称要"协防"台湾，这就给两岸关系带来不安定的因素，不可小看。

2001年5月在接受新加坡《联合早报》采访时，我说，目前大陆主战的呼声很大，他们认为陈水扁的"台独"立场不变，对一个中国原则的态度不变，现在不搞"台独"是因为力量不够，如果让他再当4～8年的"总统"，"台独"气焰必定更加嚣张，所以应当及时用武力加以制止。但中共中央仍然坚持和平统一的方针。范希周指出，陈水扁要调整政策还有一年的时间，他在两岸问题上必须明确表态，如果错失了时机，两岸问题就要放在下一次"大选"中去解决，那对台湾将是一个很大的政治压力，对社会安定和经济冲击的代价都会更高。

许文彬的"台阶"

2001年8月我们访问台湾，与许文彬律师有一次对话。我们看得出来，他确实很诚恳地要为两岸的和解做一些有益的事。

他当时强调"宪法一中"的说法。他说，大陆提出"九二共识"，陈水扁说了"九二精神"，就很难再说"九二共识"了。要他说出"一个中国"也有困难，但如果能够说出"宪法一中"，总算说出了"一中"，两岸就有可能坐下来谈了。"宪法一中"并不是要给两岸定性，也不要求大陆表态。大陆对"宪法一中"虽不接受，但应当可以忍受。如果学者能够发表看法，表示虽不满意，但有正面意义，不要公开肯定，也不要公开批判。这样，对积极推动两岸交流的人有利，也有利于两岸关系发展。

他认为朝向"一中"方向发展对台湾人民是有利的。但是，台湾方面有人说，"一中"是陷阱，接受"一中"就是投降，就是被"吞并"，他认为大陆应当对此进行说明、解释。他还说，中南部民众不在意"一个中国"，也不在意政治，只在意经济、民生、切身利益。他强调："本土不等于'台独'。"在陈水扁的"国策顾问"中，有一些本土的企业家也支持"宪法一中"。他劝我们要给陈水扁时间，陈水扁只能"摸着石头过河"，不可能一步到位。

他确实很热心，希望能够以他"国策顾问"的身份，向陈水扁进言，游说陈水扁说出"宪法一中"。可是，当时作为民进党主席的谢长廷说出了这句话，而陈水扁却始终说不出来。

我想，本来作为"陆委会"咨询委员的许文彬提出一个很好的建议，准备造一个台阶给

2001 年访问许文彬律师

陈水扁下。不久，我们会见另一位"国策顾问"萧新煌，他说，陈水扁并没有按照"台独"党纲来做，他已经违背了"台独"立场。民进党是想谈的，北京不要太强硬，要给台阶。这是要大陆给台阶让陈水扁下。可是，后来的事实证明陈水扁并不要什么台阶，他身边也有一些人不让他下台阶，他一直反对"一个中国"，最后憋不住把"一边一国"说出来了。那是他的"台独"立场决定的，好心人也帮不了他的忙。

邦联制的试探

当年国民党曾经一度提出所谓"邦联制"。我们在国民党的智库"国策研究基金会"谈论了这个问题。

陈锡蕃说,我们主张统一,但不是急统。提出邦联制,就是表明不是"急统",同时也是排除"台独"。但国民党内有不同声音,有人污蔑我们是投降派,没有接受邦联制。葛维新说,邦联是一个建设性方案,不是终极方案。建议当局回到"一中各表"。邦联是在中华人民共和国与"中华民国"之上。提出以后,民进党紧张,国民党内也有人反对,所以没有列入党纲,但议题还在。

7月间,我已在媒体上看到国民党关于邦联制的主张,并且研究过他们的"说帖"。

走近两岸

2001年访问国民党智库,会见苏起、葛维新、帅化民、高孔廉等人

我认为邦联的本质特征是：第一，它是主权国家与主权国家之间的联合。第二，邦联不是一个国家。总之，一句话，邦联是"两国论"，而不是一国论。

从国民党提出的"说帖"来看，它是建立在"对等分治"的基础上，各成员的地位是平等的，不仅各自维持其外交权和国防权，而且各具完整的自主权，成员之间没有中央与地方的区别，互不隶属，只是对等共存，和平共处。显然，这是主权国家与主权国家的联合。但它说了"在同一屋顶下"，而实质仍然是强调两个不同的"国家"。不过，它提出了以"一中各表"的"九二共识"为基础，提出了"民主统一"的目标，这些说法还是比较好的。

我认为"邦联说"对内对外都是一种试探，我们与他们的看法有所不同，但可以求同存异。关键是现在还不到谈论此类议题的时候，各种不同方案可以从长计议。我按照上述的意思做了简单的回应，既说明了不同看法，又对他们的初衷给予尊重。后来，大概由于时机不成熟，国民党内又有不同意见，这一主张很快就无声无息了。

苏进强谈"台联党"

苏进强是我们的老相识了，他在"国策中心"时，我们就有过接触，也曾与他连线参加台湾的 call in 节目。8 月 21 日晚上，他从南部赶回台北与我们见面。这时他是"台联党"秘书长，与我们谈论的全部是有关李登辉与"台联党"的话题。

我问他："台联党"能成气候吗？他表示肯定。他说，李登辉个人的魅力还在，在中南部人气更高，李登辉是"台联党"的资产。现在任何政党的满意度都不及 30%。

李登辉拼命为连战助选，因为心脏病都出汗了，而现在连战与李登辉已经划清界限。连战不让陈水扁好过，连宋要颠覆扁政权，中南部民众有强烈反应，基础产业有 700 万工人，加上散工

有 900 万，对连宋不满，对国民党"赌烂"，国民党得票率不会高，国民党会再分裂。

民进党与"台联党"在选举中有"挤压"，提名要靠实力，做民调进行评估。民进党山头林立，又有"台独"党纲，他们有包袱。

新党与建国党没有市场。亲民党与国民党互相抱怨，票源互相挤压。

"台联党"有"李登辉效应"，李有使命感，有影响力，对草根大众有号召力，可以争取中间选民。而且"台联党"没有"台独"党纲，没有分裂问题，所以只有"台联党"没有包袱。原来投给亲民党的票，有一部分会投给"台联党"。"台联党"不是"独派"，是中间靠左。"台联党"的大陆政策是："中华民国"与中华人民共和国并存，以事实为基础，追求和平、平等。保证对两岸采取务实的态度，政纲、宣言都会四平八稳，避免贴上左的标签。

我认为台湾政治人物很容易就"过气"了，所以对李登辉不看好，对于苏进强个人"书生从政"的前景也持保留态度，但听到他那"信心满满"的说法，又不好意思给他泼冷水。既然他主动向我们表达一个政党的"政策宣示"，我们把它作为第一手的资料，对于研究台湾政治还是有参考价值的。

政治动物

在台中市，遇到一位绿营人士，谈了一些让人感到新鲜的看法。

他说，陈水扁是政治动物，他讲的话要看场合，不同场合讲不同的话。讲的与做的不一样。他讲要去参加 APEC，这是大谎言，他居然讲得出来；核四他都敢停工，内部没有人逼他，他只是想用以打一下国民党；他从极左到极右都可以，可以讲统合，也可以讲"独立"，整个头脑想的是选票。后来，他似乎为了"平衡"起见，补充了一句：其实，连、宋、扁都是政治动物，讲话都是为了选票。

他说，民进党估计"台联党""长不大"，不理它，理它反而让它有票。在基层，民进党则要想方设法挤掉"台联党"。

"立委"选举，国民党没有游离票，要靠组织票，过去农会、水利会有票，现在没有了，组织票也松动了，国民党需要动员，选民才去投票；民进党席次会最多，既有游离票，又有执政的票；亲民党有游离票，讨厌国民党和民进党的人会把票投给亲民党；"台联党"会拉掉建国党的票，加上李登辉的魅力票，但不多，如果选前李登辉死去，同情票会给"台联党"。

现在台湾不景气，对商业影响很大，许多商店关门。股票族骂阿扁，大家希望开放陆资来台，开放大陆客来观光，台湾赚大陆的钱。

你们看准阿扁不会接受"一个中国"，所以不与阿扁互动，实际上即使阿扁承认一中，你们也不想开放直航，因为直航对港澳影响很大。

现在大家关心经济，许多人跑去大陆，10 年后，台湾要在大陆开同学会了。

这些话，在大陆不容易听到，在台湾，如果他对你有戒心，你也听不到。好在这位先生觉得我们这些人"很随和"，又会说闽南话，就兴致大发，与我们谈了好一阵子。

总干事们的快人快语

在云林县虎尾镇，由国民党籍"立委"林明义安排了一次与该县好几位农会总干事的餐叙。这些总干事估计都是林"委员"的"桩脚"吧。那天吃的是海鲜，喝的是白酒，大家都很"豪爽"。事后才知道，他们喝的酒，都兑上了矿泉水，而我们之中喝的最多的范希周，喝的却是 100% 的白酒。结果一出餐厅，坐上车，一路睡到台中市还醒不过来。

总干事们快人快语，表达了国民党基层人士的想法。

他们似乎颇有自信，认为选举会赢。他们说，国民党在选举中占优势，还会是第一大党；民间基层怀念国民党，因为民进党做得不好；"总统"选举有意识形态问题，"立委"选举只看个人魅力，选人不选党；国民党不会再分裂了，该走的都走了；我们不去理李登辉，否则耗来耗去，对大家都不利；连战有才气，有学识，有风范，绝不是什么阿斗。

他们都认为经济不好民进党应当负责。他们说，经济不好应当怪执政党，可是他们却推给在野党；经济不好，台北地区原来支持民进党的人会有变化，但中南部民众对经济不满却不敢讲。陈水扁有意组织"联合内阁"，但民进党内有阻力，不同派系阿扁驾驭不了。至于"台联党"，他们更看不起，说"台联党"在基层没有基础，在基层"感觉不到'台联党'的存在"。

谈到两岸关系，他们坦率地说：我们都是中国人，你们对台湾人要放宽一些，讲"一中各表"就好了，慢慢来嘛。大陆如果表达善意会有好处，但台湾的政策要配合才行。民进党内要有共识才会与大陆谈。

我们问他们最近忙不忙？他们说，"民意代表"要有人情世故，服务基层民众，所以很忙。现在是"鬼月"，没有婚事，但其他的事还不少。我们可以看出，有了选举，有不少人平时就要为了选票而忙，争取选票、获得胜选绝非易事。

民生，民生

在成功大学的座谈中，深刻地体会到南部民众的强烈意愿。许多人在发言中强调，关键是经济，关心的是民生，政治不重要，政治议题应当放在一边。

有人指出，现在百姓失业的很多，生活相当痛苦，经济不景气，大家关心的是民生。政治如果与民生有关才有人关心。民众关心的是能否过好日子，对岸能给我们什么好处。

2001年访问高雄大学会见王仁宏校长

2001年访问政治大学国关中心，会见何思因主任及陈德升、蔡玮、汤绍成教授

2001年作者会见凌峰

有人说，大陆不理陈水扁，不给他回应，对陈水扁、民进党施加压力，两岸关系成了僵局，大陆也不放人过来旅游。台湾民众希望两岸谈起来，事务性、经济性的议题先谈起来，台湾经济才会好转。北部30岁左右的人大量去大陆发展，中南部则很少。你们不要等到陈水扁下台，那要等很久，老百姓受不了。还有人说，陈水扁为了连任，关心的也是经济，他会从选举的利益考虑两岸关系，政治不重要，重要的是民生。大陆给陈水扁善意，实际上是给台湾民众的善意，大陆给陈水扁宽容，也是对台湾民众宽容。大家都希望大陆对台湾经济有好处。甚至有人说，大陆应当"伸出援手"，这是"民心所向"。

本来大陆方面一向认为多数台湾中南部民众对大陆不了解，有敌意，大概很少人会想到他们对大陆还有这么大的期待吧。

在这次访问期间，发

现两岸关系的"低气压"影响很大，许多人的感受可以用"憋"这个字来表达。有人说，大陆存心把陈水扁"憋死"。很多人都说民进党想与大陆谈，可是陈水扁不承认"九二共识"，大陆不与他谈，两岸僵住了。很多人劝我们不要等到陈水扁下台才与台湾谈，那得等两年半甚至六年半，太久了，大家"憋"不住。有人说，要陈水扁认同"一中"是办不到的，大陆应当放宽一些。言下之意是大陆不要坚持"一个中国"，有这样的道理吗？相反的，我们也听到有人认为陈水扁根本不想谈，所以他不提"九二共识"，反而借口大陆不肯谈。这种情况让我们体会到，台湾是一个多元的社会，各种意见都存在，如果只听一面之词，就有可能做出误判，作为研究人员应当全面地了解情况，再作深入的分析研究，所得出的看法才是有价值的。

当时，台湾正在开"经发会"，其中的"两岸组"取得了一些共识，提出"积极开放，有效管理"、放宽投资限制、开放大陆资金来台、推动大陆人士来台观光、推动两岸通航等等，他们认为这是台湾的善意，大陆应当立即给予善意回应，否则就太不关心台湾的民生了。我说，这些本来都是早就该做的事，现在表示要做，我乐观其成。但这还只是字面上的东西，能否成为现实还不得而知。何况台湾传出"有效管理并非否定戒急用忍"的说法，更重要的是，本来"经发会"还讨论在"共识"中写上"九二共识"，最后又被否定了，面对这样的"共识"，大陆该怎么回应呢？范希周所长表示：两岸交流交往对两岸关系发展有好处，只要是有助于促进两岸相互了解，大陆基本上是会呼应的。但在政治问题未解决前，要通过"经发会"的共识来解决两岸关系低迷的问题，应该是没有办法的。

张昭雄的态度

8月29日我们访问亲民党总部，由张昭雄副主席出面接待。亲民党自称People First Party，张昭雄原来是一位著名的心脏

2001 年访问亲民党中央党部与张昭雄副主席座谈

外科医生，当过长庚医院院长，他怎么会对政治发生这么大的兴趣，这是我所感兴趣的问题。

从张昭雄的谈话中，我们很快就发现亲民党力图与国民党、新党有所区别，甚至划清界限。他一开头就说，"在野联盟"是社会上封的，实际上只有主流民意联盟，我们不赞成用"在野联盟"，亲民党不愿意与国民党、新党"绑在一起"。果然是一位有个性的政治人物。

他认为"立委"选举以后将出现"交叉组合"的可能，民进党必须妥协，组成"联合'政府'"。有两种可能：一是民进党主动与亲民党合作，民进党内有人反对，亲民党内也有人反对。如果陈水扁不同意"九二共识"，亲民党就不与他合作。二是民进党可能拉王金平或萧万长当"阁揆"，拉国民党中的"亲李派"合作，这样，国民党不会泡沫化，而连战则一定泡沫化。如果国民党中的本土势力被"台联党"拉走，连战可能成为"统"的一极。

他强调亲民党走中间路线，而新党则是"急统"，新党如果与亲民党闹翻，亲民党可以控制中间票。"台联党"对国民党的影响大，对民进党也有影响，而对亲民党影响不大。亲民党至少有 40 席，加上不分区与侨选共有 50 席。看来当时亲民党对自己的实力还颇有信心。

对于两岸关系，张昭雄说，两岸关系和平交流对双方有利。交往的原则应当是：强扶弱，富济贫，替对方着想。大陆不会让台湾"独立"，也不能要求台湾说要早日统一。谁说这样的话，他就不必选了。因此，亲民党主张两岸维持现状，目标是统一，时间多久不定，可能 30 年。他强调现在两岸要和平共处，"和则两利"。

这是我们从亲民党副主席口中得到的第一手资料。

本土化的趋势

2001 年 12 月 1 日，台湾进行"立委"选举，当晚开票后，我接受采访时表示：选举表明台湾本土势力迅速膨胀，这是一个必然的趋势，而且还会继续增强。

民进党获得 87 席，根本原因是因为长期经营基层，得到本土势力的支持；"台联党"也靠本土势力的支持获得 13 席；亲民党除了主席是外省籍之外，其他主要人物都是本省人，成功地吸收了本来可以投给国民党或新党的选票。国民党则从 110 席锐减到 68 席，它原来在基层颇有实力，现在已经今不如昔了；新党之所以惨败，就是因为它是一个非本土的政党。国民党中的外省籍人士纷纷落选，在"立委"中外省籍人士的比例，已经低于外省人在总人口中的比例（13%），本土人士占优势的态势进一步增强。这是一个必然趋势，但它来得比人们的预料要快。我对新加坡《联合早报》记者预言："从目前趋势看来，陈水扁仍将在 2004 年台湾"总统"大选中胜出。"不过，"现在距离 2004 年还早，可变因素还有很多，我们还不敢断言"。

面对台湾本土化的趋势，我认为有更多本省人士担任高层职务与民意代表，这件事具有两面性。一方面，台湾民众要求占台湾人口 85% 的本省人有参与政治、担任高层公职的权利是无可厚非的，我们尊重台湾同胞当家作主的意愿；另一方面，本土化已经被人利用作为政治斗争的工具，挑起省籍冲突，甚至与"台独化"、"去中国化"等同起来，这是我们所反对的。

当时有人把"本土"与"台独"画上等号，认为"本土抬头，后患无穷"。这种看法显然是错误的。有一位老台胞打来长途电话，他反对把本省人等同于"台独"，并要求"给予平反"。我能做到的只是就"本土化与本省人"的问题发表自己的看法。我在文章中指出，把台湾本省人视为"台独"，以为外省人都主张统一，既没有理论依据，也不符合台湾的现实。用省籍来区分人们的政治态度，把占人口 85% 的本省人说成是"台独"完全是错误的。如果把绝大多数主张维持现状的人，推向"独"的一方，那就违背了官方的说法："2100 万台湾同胞，不论是台湾省籍还是其他省籍，都是中国人，都是骨肉同胞，手足兄弟。"

陈水扁的"三多三少"

2002 年的头 10 天，陈水扁连续四次表示要以"建设性的合作"取代"排他性的对抗"，其中提到"三多三少"：多经济，少政治，多接触，少误会，多信任，少打压。这是什么意思呢？

就以"少政治"来说，就是不讲"一个中国"，这是我们"听其言，观其行"的关键，这个问题不解决，多经济、多接触、多信任就无从谈起。再说"少打压"，大家都知道，在台湾"打压"已经变成一个专有名词，专指大陆在政治上、在国际场合中"挤压"、"矮化"台湾，本来一说"台湾是中国的一部分"就算"打压"了，现在只要说"一个中国"，就是"预设立场"，就算"打压"。大陆增加军备就是"打压"，台湾要扩张军备则是理所当然的。所以，陈水扁所谓"打压"是单向的，大陆的许多行

为都叫作"打压",而台湾方面对大陆的各种攻击、反击和挑衅,从来就不算"打压"。

1月10日,陈水扁向美国大西洋理事会访问团提出"反问中共"五个问题:大陆要落实民主自由人权吗?要尊重人民自由意志的选择吗?要承认"'中华民国'在台湾"的存在吗?要尊重台湾人民民主选择的第十任"总统"吗?要拒绝与对话吗?陈水扁哪里会"少政治",他讲的全是政治了。这哪里是"建设性的合作",完全是"排他性的对抗"了。

陈水扁主张"去异求同",这是什么意思呢?他是要大陆去除与台湾之"异",向台湾"求同"。我们正是尊重台湾人民自由意志的选择,才主张"求同存异",从不要求台湾的社会制度要改变成与大陆一样。可是,陈水扁却不尊重大陆人民的选择,而要大陆人民放弃自己选择的社会制度、政治制度,按照台湾的模式改造大陆。

我当时指出:两岸之间还是不要在制度上做文章为好。用自己的制度去衡量别人的制度,总会有不同的看法。采取什么制度,是两岸人民各自的选择,只要对方自己愿意,就要乐观其成,而不要去指手画脚,应当允许"存异",而不要迫使人家"去异"。还是多花一些时间去"求同",这才是寻求"建设性的合作"所应当采取的态度。

吴乃仁的善意回应

2002年1月24日,钱其琛副总理发表谈话,其中提到"大陆和台湾同属一个中国",即所谓"新三句",台湾各界普遍认为大陆展示了巨大的诚意与善意。钱其琛还说:"我们认为广大民进党员与极少数顽固的'台独'分子是有区别的。我们欢迎他们以适当身份前来参观、访问,增进了解。"

当天,民进党秘书长吴乃仁第一个作出快速的回应。他代表民进党表示欢迎,并且说,他们不去揣测大陆方面"态度转变的理由"，只要能够促成两岸相互了解，加强交流，民进党都欢迎。既然对岸有善意，我们也要回报善意，会引起双方争辩的事不必讨论。

我个人当即在《两岸关系》杂志的"各抒己见"栏目表示：这是民进党上台以来对大陆方面作出的最迅速、最坦率、最具善意的一次回应。我还提供了第一手资料作出佐证——去年（2001年）吴乃仁对我们说过："北京在意的事，我们不会故意找麻烦。"态度是相当务实的。不过我担心吴乃仁会受到某种压力，因为有人会怀疑大陆是否真有善意，还可能有人认为吴乃仁跑得太快了，难免要拉后腿。后来证明这种担心不是多余的。

当时吴乃仁提出这样的疑问：什么是"适当身份"？我个人就自己的理解做出解释：钱副总理已经把"广大民进党成员"与"极少数顽固的'台独'分子"区别开来，这意味着"广大民进党成员"不是"顽固的'台独'分子"。至于谁是"顽固的'台独'分子"，大陆也不会有专门的认定，而且"顽

2001年与民进党秘书长吴乃仁、"立委"陈忠信会面

固"与否也不是一成不变的，改变了态度就会受到欢迎。我还认为除了打着"台独"旗号和违背一个中国原则的身份以外，都是"适当身份"。

我想，有些事官方不便表态，由学者表示个人的意见，给对方以善意的回应，也应当算是一种"善意回应"的表现吧。

对陈水扁的"解读方法"

2002年5月9日陈水扁来到我们厦门附近的大胆岛（我们按照历史上的地名，称之为大担岛），第二天又在屏东县的小垦丁发表谈话。他说："两岸近在咫尺，只要用肉眼就可以看到对岸，大家其实好像好邻居一样，都可以互相邀请对方来家里坐一坐、喝喝茶，这其实也就是现在两岸民间交往的最佳写照。所以，如果中共领导人愿意，阿扁也有意邀请他们到神泉茶坊来喝茶、谈天。"听说大陆可以让民进党人士前往访问，"个人宁愿解读，这也是一种善意的表现"。还说了两岸可以从经贸及文化统合做起，两岸要重启协商大门，"三通是必走的一条路"。讲得多好听呀，似乎很有善意。但是，对他的讲话有不同的看法，很多人持肯定的态度，也有人对其动机表示怀疑，认为是"假运作"、"炒作新闻"。究竟应当怎样解读陈水扁的"善意"呢？

我当时提出了自己的"解读方法"。

首先，我认为对他的言论表示怀疑是有原因的。因为他经常言行不一，表达了不少"口头善意"却几乎没有都变成行动；他经常"变来变去"，提出一些做不到的主张。范希周指出：在民进党放弃"台独"立场之前，两岸官方不可能发生关系，陈水扁此举是明知不可为而为之。其实民进党成员已多次以个人身份到大陆访问，也有民进党高层人士与大陆官方接触。但从去年下半年到今年为止，由于美国对两岸关系作出一些明确宣示，大陆方面认为，陈水扁对于两岸关系的言论及作为减少许多。因此，陈水扁今天的主张政治上的表态大于实质意义，无关两岸政策调整。

其次，也不能完全否定他的讲话，不要"逢扁必反"，因为事情往往没有这么简单。每当他有新的言论发表时，需要把它与他先前说过的话做比较，看看有没有新意。新意不等于善意，但可能含有某种善意，不要一概抹杀。因为他不能以主观意志主导一切。例如，他说出"三通是必走的一条路"，就是迫于民意的强烈要求，而不得不讲的。而且也不能要求他的言论完全符合大陆的原则与政策，因为他有他们的原则与政策，有他们的坚持。

我认为在目前条件下，陈水扁走的是一条"边缘路线"。即以"四不一没有"为"下线"，以不接受一个中国原则为"上线"。他不愿意接受"九二共识"，因此要"改善两岸关系"是十分困难的，他也不敢离开"四不一没有"，他很想突破某一点，但他也知道如果突破了这条线意味着什么。正是因为台湾当局现在走的是这条"边缘路线"，导致两岸关系的僵局在短期内无法突破。

"麻烦"波及了我们

2002 年 8 月 4 日陈水扁在两岸关系上制造了一个麻烦，提出"一边一国"。当天我对台湾记者说：这是陈水扁当选后首次说出"一边一国"，而"公投立法"问题，在"四不一没有"中原本已经排除，现在又拿出来说，会很麻烦。如果陈水扁的讲话是民进党的共识，两岸关系就会更加严重。

后来我又对香港记者说：我不相信陈水扁说这些话是"心血来潮"或"擦枪走火"，而是他一贯主张的彻底暴露。当时他面对"世界台湾同乡会"的"自己人"，干脆把心里的话说出来了。现在看来，只要陈水扁在台上，大陆就不会与他打交道。我认为台湾当局也应当了解大陆的民意，现在网上可以看到不少人认为是该"动手"的时候了，我们这些一直主张和平统一的人，要怎样去说服他们呢？

那位记者（或是编辑？）用了一个小标题："温和派被扁捆

一巴掌。"我对另一位香港记者说：我没有说过这样的话，那是一种的"夸张笔法"。这位记者认为陈水扁的"一边一国论"不仅会使大陆提前终止"听其言观其行"政策，也会使得大陆内部理性诉求的声音受到一定的抑制。

没有想到陈水扁制造的麻烦却波及我们。当时据说大陆内部"盛传"一种声音："北京主战，上海主和，厦门主降。"我们成了"投降派"？从被称为"鸽派"、"温和派"突然升级为"投降派"，这是大家始料不及的。据说，把我们定为"主降"的根据是：我们有些人在访台期间没有按照标准答案回答问题，还访问了海基会，接触了民进党人。如果真是因为这些理由，我想，这是不敢拿到台面上来的，也无法扣上"投降派"这顶帽子的。根本的原因是我们始终坚持和平统一的方针，宣传和平统一的好处，即使在许多人"喊打"的时候，我们从来不肯附和。这就激怒了一些人，他们不敢直接面对共产党的"和平统一"方针，只好使用"文革"的手法，矛头指向厦门这个小地方一群不肯随大流的小人物了。

面对这一涉及"政治定性"的突然袭击，我们无力反抗，不说任何一句话，只能坦然处之，静待历史的判决。

解读十六大报告

中共十六大召开，江泽民总书记在报告中谈到祖国统一问题。我立即从以下四个方面解读这一报告：坚持一个中国原则，贯彻和平统一方针，体现最大诚意善意，描绘统一的美好前景。

首先，我认为在陈水扁提出"一边一国"之后，台湾同胞对于我们是否能够坚持和平统一的方针存在很大的疑虑，而江总书记的报告则体现了最大的诚意和善意，这一点应当是解读的重点，需要特别向台湾同胞说明清楚。

第一，在报告中提出"世界上只有一个中国，大陆和台湾同属一个中国，中国的领土和主权完整不容分割"，这本来是钱其琛副总理曾经说过的，台湾有不少人认为这是善意的表现，可是也有人认为未列入正式文件，而采取怀疑的态度。现在由总书记提出，并且列入党的文件，它的重要性是不容置疑的。第二，报告指出要以最大的诚意、尽最大的努力争取和平统一的前景，明显地表达了善意。第三，主动提出"暂时搁置政治争议，尽早恢复两岸对话和谈判"，台湾有人立即看出其中的善意。第四，提出在一个中国前提下，"三个可以谈"，即可以谈结束敌对状态、台湾的"活动空间"、台湾当局的政治地位，这是台湾方面关心的问题，由大陆主动提出当然具有善意。第五，强调台湾同胞是我们的"手足兄弟"，是"发展两岸关系的重要力量"，重申我们充分尊重台湾同胞当家作主的愿望，对台湾同胞寄予厚望。这一切充分体现了大陆方面最大的诚意和善意。

其次，我认为报告提出"三个可以谈"是"突破两岸僵局的关键"，也是许多台湾人士关心的问题，因此也专门对此进行解读。我认为报告提出了两个层次的对话与谈判问题。第一个层次是："在一个中国原则的基础上，暂时搁置某些政治争议，尽早恢复两岸对话和谈判。"这就是说，可以先不谈政治问题，尽早恢复有关经济性、事务性议题的对话和谈判，特别是有关"三通"、经济合作等问题。第二个层次是：就有关政治议题开展对话和谈判，为此，我们主动提出"三个可以谈"的议题，都是关键性的问题，也是台湾方面关心的问题，可以提供台湾方面选择的参考。这两个层次的对话和谈判，我们都欢迎，台湾方面愿意从哪个层次开始，悉听尊便。提出这"三个可以谈"是涉及两岸关系的最敏感、最关键的问题，一旦双方能够开始谈判这些议题，两岸僵局就可能出现重大的突破，解决了三个问题中的任何一个问题，两岸关系就会出现巨大的飞跃。我们已经表达了善意，就看台湾当局怎样回应了。

12 月间，应央视四套的邀请，我参与了"解读十六大报告对台工作部分"的访谈。我强调和平统一方针始终没有改变。自从 80 年代初我们提出"和平统一、一国两制"方针以后，这个

方针一直没有变，现在把它写到十六大报告中，就说明我们非常郑重地提出、重申这个方针，这个意义在什么地方呢？说明我们的方针一直没有改变，特别是和平统一的方式来解决台湾问题，这个方针一直没改变，我们这次再一次郑重提出来，就说明我们是非常尊重台湾民众的，为什么呢？第一点我们是尊重台湾同胞自己的选择，台湾同胞自己选择现有的这样一个社会制度，这样的一个生活方式，那么我们尊重他，所以才提出"一国两制"，大陆一个制度，台湾可以有另外一个制度，这是尊重他们的一种表现；另外一种尊重就表现在尊重台湾同胞当家作主的意愿。

讲到统一的好处，我只举了一个实例：共享伟大祖国在国际上的荣誉和尊严，这是台湾同胞非常关心的。因为他们感觉他们现在"国际活动空间"好像很小，用他们的话来讲，我只剩下二十几个"小朋友"了，那么怎么办呢？如果统一以后，这个问题都解决了，比如说统一以后，它不但有二十几个"小朋友"，加上我们一百六十几个（建交国），一共有一百八十几个建交国，它的活动空间就很大了；另外就是要参加国际组织，什么国际组织都可以，不但世界贸易组织，WHO，W什么O都可以参加的，更重要就是可以参加联合国，他们现在非常盼望参加联合国，但是为什么不能进去呢？不是我们阻挠它，因为它不是一个主权国家，所以联合国没办法吸收它。统一以后，台湾代表可以参加我们在联合国的联合国团，那说明什么呢？就是一下子地位就空前提高了。

讲到统一的最佳方式，我用另一种方法来说明。我认为解决一个问题的最佳方式，要由它的结局来看。如果一种方式，结果导致两败俱伤，这个方式肯定是最差的方式，失败了。另外一种方式，一边很满意，一边非常不满意，就是一边把另一边吃掉了，这个方式好不好，也不好，因为这会遗留下一大堆的问题。所以最佳的方式就是能够双赢，两边都满意，但是这个是理想的，两边要真正都满意是很困难的。因此，和平统一需要经过谈判来实现，谈判的过程中间必然要有让步，互相都要让出一点，这样谈的结果是什么东西？从双方来讲都不是最满意的，但是都能接受，最后应当会采取这样的方式来解决。"一国两制"就是我们提出的一种最佳方案。

2003年2月10日我在人民网的"强国论坛"上回答网友的提问。我强调：钱其琛副总理在纪念"江八点"会议上的讲话加上了"有最大的决心"，连同"以最大的诚意，尽最大的努力争取和平统一的前景"，这三个"最大"体现了我们的最大诚意。有人问，台湾问题是否可能武力解决。我说，我们一贯主张和平统一，没有主张靠武力解决问题。认为大陆要"武力犯台"那是某些人恶意的歪曲。有人问我们有没有一个"底线"，我说："我们说过，要到'最后、不得已、被迫'的时候才会动武。这意味着：我们不会主动动武。""底线"是指：台湾方面宣布"台独"，更改"国号"，修改宪法所规定的领土范围，进行"公民投票"决定台湾的归属等等。此外，就是外国干涉。我们明确表示不会对台湾同胞使用武力。解放军的导弹不是对准台湾同胞的。

民进党的角色转换

2002年底赵建民、邵宗海来访，他们谈到民进党从在野党改变为执政党，至今还未能适应角色的转换。

陈水扁仍然以反对党的立场批评现在的反对党，民进党还没有适应执政党文化，民进党以少数执政，本来应当有超政党联盟，来营造合作的气氛，可是现在却没有这样做。在两岸关系上也仍然是采取反对党的态度，至今未有调整。陈水扁提出"四不一没有"，表明不能与大陆对抗，但政治上的对立并未改变。民进党想与大陆保持比较好的关系，以证明其执政能力，但要接受"一中"，在党内通不过，所以与大陆谈不拢，他们想在经济上扩大交流，却又有许多顾虑，担心大陆报复，也担心台湾民众不支持其大陆政策。

他们还谈到"一个中国"问题。他们认为国民党过去讲一个

2007 年厦门大学朱崇实校长向邵宗海教授颁发客座教授聘书

中国，那是因为国际上支持"中华民国"的人较多，1979 年以后，再讲一个中国就是中华人民共和国了。所以台湾不能再讲一个中国。国民党现在讲一个中国，因为它是反对党，如果成为执政党则不一定会讲了。大陆把"两个中国"与"一中一台"、"台独"放在一起，就等于消灭"中华民国"。不要否定对方，才有可能接受"一个中国"。

对于 2004 年大选，他们认为马英九代表泛蓝出来竞选的可能性"微乎其微"，其理由是：党内伦理、马不出来泛蓝不见得会输、马承诺做完 4 年市长、马要面对 2008 年大选，从这几个方面来看，马英九还不会出来，而"连宋配"的可能性则较大。两个月后，果然证实了他们的预测。

大前研一的瞎猜

2003 年 1 月间，日本学者大前研一在台湾出版一本题名为"中华联邦"的书，公然预言：2005 年两岸将以"中华联邦"形式实现和平统一。大前研一是一位未来学家，并号称"管理大师"，曾经被鼓吹全球化的《经济学人》杂志选为当代最有远见的四位学者之一。

所以，他的言论引起台湾方面某些人的紧张，有些人把这种言论与"亲中政客"、"统派"的言论联系起来，认为这会"助长当前台湾内部已然严重的失败主义氛围"。对台湾民心以及国际舆论会造成误导与冲击。

于是，陈水扁连续两天亲自出马进行反驳。说在他的任内"不能让台湾被并吞"，"2005 年台湾仍是台湾"，"中华联邦比一国两制更糟"。吕秀莲则说，大前研一只是"以经济观点预统一"，她表示要拒绝统一，并且说，大前的言论可以视为"善意的警告"，"台湾不要过分紧张"。民进党人则指责大前的言论是无稽之谈，是大胆而荒谬的预言。但也有人认为这个预言涉及两岸经济的分析，颇有参考价值。

无独有偶，几乎同时，从美国军方情报系统传出一个信息：解放军准备在辛亥革命 100 周年时，即 2011 年实现两岸统一，这又是一个预言。

大陆同胞对此也颇感兴趣，问我的看法。我认为作为专业的研究人员对于某些重要问题可能进行预测，也可能根据预测的结果做出某种预言。这是常见的事。但是，如果预言不是建立在充分事实依据的基础上，就会成为毫无根据的"臆测"，如果经过标新立异、危言耸听的"推销"，可能在一时间引起一种"轰动效应"，他的文章或书籍得到畅销，成为人们谈论的中心，但是时间一过，烟消云散，这个预言就变成笑话了。

大前的预言主要从经济角度来看，显然他对两岸之间的政治问题了解不多，否则不会认为"中华联邦"的建议可能为双方所接受；也不会把时间定在距离现在这么近的 2005 年。大前指出："这几年，北京有权势的政治家已不再敌视台湾，只是考虑对某些希望台湾脱离中国走向'独立'的人加以制裁。"但是，只靠这些因素是不足以实现统一的。

美国军方的信息则是从军事角度来考察，它同样也是片面的。台湾方面有人指出，美国军方对两岸军力逐渐失去稳定平衡感到忧虑，担心台湾对美采购先进防卫性武器受阻。我同意这种看法，所谓"辛亥百年，两岸统一"可能是为了推动台湾购买美国武器而提出的"预言"。

和平统一是一项伟大的事业，它涉及诸多复杂的因素，需要从总体战略高度才能做出正确的判断。至于统一的时间这样具体的问题，更应当从大陆、台湾、国际等方面的实际，从政治、经济、社会、军事等因素进行综合的研究，才能有一个总体的、大体的把握。对于比较复杂的问题，一般的预测只能预见到3～5年的事，所以，至今郑重的学者都不愿提出具体的时间表。可见，如果只是从某个局部、某个方面来观察，是不可能得出正确的结论的，如果有人敢于提出"哪一年"统一，那多半属于"瞎猜"。

言相近，道相远

2003年2月我参加中国社会科学院台湾史研究中心访问团访问台湾。在欧亚中心的一次研讨会上，与张京育、陈忠信、洪秀柱、杨开煌、周继祥、董立文等许多学者对谈。一方面大家感到两岸之间出现一些相似的语言，出现交流热络的表象，但也感到政治僵局仍然存在。杨开煌用"言相近，道相远"来表述，陈忠信则认为"不算回春，也无剑拔弩张"，张京育认为在两岸未有明确定位的条件下，两岸关系也只能如此。我也认为政治僵局未能突破，经济文化交流无法阻挡，这在当时条件下是正常的现象。如果认为很快就能打破僵局，反而是不合理的了。

要如何面对政治僵局？大家各抒己见。杨开煌认为台湾已经进入选举（指的是2004年"大选"），陈水扁出于选举的考量会说出一些不利于两岸的话，对大陆造成刺激。大陆也应当避免说些可能会被利用的话。大陆对民进党的研究应当超越对国民党

2003年访问欧亚基金会，会见张京育董事长，右二是张海鹏教授

2010年台湾大学教授陈明通、周继祥来访

2003年访问"中研院"台湾史研究所，会见刘翠溶所长

的研究。周继祥认为台湾已经开始选举，在两岸问题上希望"保持距离求安全"，不管哪个党执政，一定要强调"台湾优先"，必然与大陆不同，大陆要多一些耐心。张京育提出，可以取法欧洲，政治放在后面，先谈与人民有关的议题。在没有被吞并、被强制的情况下再谈政治。陈忠信则表示他对前景不太乐观，但不悲观。"你不抗拒我，我也不挑衅"，陈水扁提出稳定和平互动架构，希望掌握20年的契机，这20年对大陆与台湾都很重要。我们愿意沟通商谈。董立文认为政治僵局先搁置，两岸应当务实推动，今年（2003年）交流会更开放，直航会有进展。

我当时提出一个看法：普京说过"尽管伊拉克问题属于政治问题，但我们要努力把它作为技术问题来处理"，我认为这是一个非常聪明的想法，我们何不把一些争议性的问题作为技术问题来处理呢？例如，春节包机之类，对双方没有损害、对民众有利的事，应当可以找到双方都能接受的办法。

国民党常会厅

2月13日按日程是在国民党中央党部举行有关台湾历史的学术交流会。我一到那里，就对接待人员提出要求参观11楼。他们问我想参观什么项目，我说要看看常会厅的布置有什么变化。原来国民党中央党部正对着"总统府"，在此之前，他们的常会厅是背向"总统府"，前两天刚刚把它改变为面向"总统府"。接待人员说，改变后的布置他们也没有看见过。大约经过批准，让我们上去参观。

这是国民党举行中常会的地点，主席台已经改变为面向"总统府"，台上有5个位子，中间是党主席，其左右是秘书长与执行长，旁边两个位子是工作人员。台下左右两边各有两排，前排的开头分别是党的副主席的座位，其余是中常委。后排则是部会首长列席的位子。我看了以后说，看来你们是准备进军"总统府"了。他们说，应该是有这个意思。我问，将来下面这条路的名字要不要改？他们说，那倒不知道。（下面的路原来叫"介寿路"，陈水扁当市长时把它改为"凯达格兰大道"。）

距离开会还有一段时间，我们参观了国民党党史会的党史史料库。那里有完整的国民党史料，从兴中会开始，一直延续到今天。我想，谁如果研究国民党史而不到这里来，那肯定是闭门造车。同样的，在7楼党史馆，有一整个库房装满20世纪50年代至今有关台湾当代历史的资料，如果研究这段时间的台湾历史不到这里来，也无法研究得深入。至于研究日据时代的台湾史，也需要前往台湾查阅当年的档案资料，其中有不少是日文的。这对大陆研究台湾历史的学者来说，既是诱惑也是挑战。

这次访问，还参观了"中研院"近代史所、台湾史所、"中央图书馆"台湾分馆、台湾文献馆等等，让我们大开眼界，也稍微懂得台湾史研究的"天高地厚"了。

"连宋配" 之后

2月14日泛蓝整合成功，推出"连宋配"参加2004年"大选"。我到达香港时，当地媒体就来采访，他们关心的是两个问题：第一，"连宋配"成功是否引起民进党的紧张？第二，大陆对"连宋配"是否有所期待？显然，他们希望我会说出，民进党很紧张，2004年大选他们必败无疑；大陆对"连宋配"肯定看好，希望他们能够把陈水扁拉下台。可是，我的回答可能让他们大失所望。

在凤凰台与时事评论员阮次山做了一次对谈。他一开头就说："君从他乡来，应知他乡事。"然后开门见山地提出"泛蓝整合"的问题，首先就问民进党对此有什么看法。我这次与民进党的青年精英，包括"六〇社"一些人有过接触，我说，我感到他们都比较自信，对泛蓝整合并不担心。因为他们是以逸待劳，他们可以在一边看泛蓝怎么整合，同时，早就准备好，如果是"连宋配"，他们将怎样对付。阮认为泛蓝明显占有优势，民进党怎么可能对付得了。我说，按民进党的看法，蓝绿大约各占40%，蓝会略多一些，关键是要争夺中间票。此外，泛蓝内部有许多问题，连宋原来就有矛盾，民进党有很多牌可打。至于民进党执政经济不好，老百姓有怨言，但他们相信"骂归骂，投归投"，原来投给他们的票不会投给泛蓝。阮说，那是民进党的如意算盘，显然他对此颇不以为然。

媒体还关心大陆的态度。我明确地表示，对于台湾内部的选举，大陆采取不介入的态度，既不介入选举的过程，也不介入选举的结果。因为江总书记多次说过"尊重台湾人民当家作主的意愿"，我认为体现在对台湾的选举上，就是"不介入"、"尊重台湾人民的选择"。可是，当时有人看到民进党执政，恨不得"帮泛蓝一把"，把陈水扁拉下台。我想应当告诉他们：你是帮不上忙的，选举需要靠一票一票积累起来的，你投不上票，也就帮不上忙。再说，那是台湾人民的意愿，不需要你来替他们作主。类

似这样在思维方式上的差异，也是导致两岸隔阂的一种鸿沟，在这里还有许多事情要做。

2004，看好民进党

2003 年我们接待了好几批台湾学者，其中不少人看好民进党，认为 2004 年"大选"民进党可能连任。

有人说，国民党已经分裂，而造成分裂的罪魁祸首是李登辉。李登辉原来一直隐瞒自己的政治理念，直到 1996 年才大胆执行"台独"政策。台湾民意对于国民党的分裂，采取幸灾乐祸的态度。台湾民众对于国民党、民进党、亲民党三党没有强烈的好恶。现在蓝绿各有 35% 的基本票，要看谁能争取到更多的中间票。而泛绿则占据优势的地位，他们有行政资源，也有财源，包括一银、国泰、交通银行、金控等等，都掌握在他们手中。"台独"建国不是理论问题，而是实力问题，到了有实力的时候，他们可以改"国号"，"修宪"，放弃大陆的主权，与中国切割开来。

有人认为泛蓝内部矛盾严重，国民党本土派、外省势力与亲民党不合作，连宋配有困难，搞不好民进党还会连任。其实国民党与民进党的差别只是"两个中国"对"一中一台"。国民党上台，民进党在"立法院"牵制，民进党上台，国民党在"立法院"牵制，这种情况不会改变。所以，谁当选并不重要，关键是大陆要如何因应，使形势对两岸发展有利。

有人认为现在大陆在国际上把台湾当作敌人，你们不承认"中华民国"，逼得我们只好用"台湾"。现在台湾如果没有美国的支持，就无法对抗大陆，所以，台湾把美国看成是大朋友、好朋友，台湾非亲美不可。

在泰国的讲座

2004 年 2 月我与刘国深院长应"泰国留学中国大学校友总

2004年作者与刘国深教授应邀在泰国举办的"海峡两岸局势"学术讲座上演讲

会"的邀请，前往曼谷举办一次"台湾海峡两岸局势"学术讲座。刘演讲的题目是"试析现阶段两岸关系"，我则着重讲当年被陈水扁大肆炒作的"公投"问题。

2月26日到达曼谷后，就与厦门大学校友会面，他们就开始提出问题：为什么中国反对台湾进行公民投票？为什么加拿大的魁北克可以公投而台湾却不能？

我在演讲时，首先指出有两种"公投"，一种是"公民复决"(referendum)，是针对法律、公共政策等的公投，例如，台湾要不要建第四个核电厂；另一种是"公民自决"(plebiscite)，是针对领土、主权进行的公投。这种公投，只有原来的殖民地、托管地独立以后，有权通过公投决定领土主权的归属，要独立，还是要归并到其他国家。台湾原来是殖民地，1945年归还中国，它的主权属于中国，因此，它无权进行"公民自决"的公投。

　　后来，有一位华人以"南洋伯"的名义发表文章，质问我：你说台湾无权通过公民投票宣布"独立"，根据的是"什么歪理"？我在泰国《亚洲日报》上发表文章给予答复。我说，我根据的是"正理"，并且引用国际法、《联合国宪章》第十一章和第十二章的相关规定，以及1960年联合国文件《授权殖民地国家和人民独立宣言》、1970年《关于各国依联合国宪章建立友好关系及合作之国际法原则之宣言》，说明一个独立主权国家内任何民族、任何地区，都不能借"自决权"之名，行分裂国家之实。台湾没有实行"统独公投"的权利。

　　此外，有人问，魁北克省不是殖民地，一直受加拿大政府统治，为什么可以公投？我指出，1995年魁北克企图脱离加拿大的公投行动，是被国际社会和加拿大政府视为非法与无效的。但面对魁北克的公投，加拿大政府有自己的做法，1999年明确规定，今后魁北克省若再就独立问题举行公投，不论结果如何，都必须得到联邦政府的批准才能生效。当然，各个主权国家有权采用自己认为适当的做法，这是外人无权干涉的。

　　陈水扁发动公投的目的，首先是为了拉抬选票，最终目的是为了"台独"。

　　这次美国表示不反对"必要的"公投，但反对走向"台独"的公投。陈水扁现在还不敢进行"台独公投"，只是在"飞弹"问题上向大陆挑衅，他原先认为公投一定胜利，竟然说出："公投的失败是中国的胜利。"在大陆的反对下，在国际社会的关切下，在台湾多数民众的抵制下，这次公投只有45%的人领了票，

走近两岸

其中还有反对票和废票，陈水扁以失败告终。但他们玩的"公投"的把戏是否就此结束了呢？与此同时，范希周也对媒体指出：此次台湾公投失败，显示绝大多数人不赞成公投，但是公投已经成为台湾的一个法律程序，今后必将继续成为两岸关系中潜在危机的根源。

两颗子弹之后

2004 年 3 月 19 日台湾大选的前一天，北京《国际先驱导报》报道了对我的采访，标题是"陈水扁仍有微弱胜出可能"。我说，由于一些无法估计到的因素，导致台湾大选到最后一刻仍有很多变数。真是"不幸言中"。

果然在"最后一刻"出现了谁也没有想到的"两颗子弹"，果然陈水扁以"微弱胜出"。

选前有人认为如果陈水扁连任，可能积极改善两岸关系。我明确表示，我们已经观察他 4 年了，结论是：陈水扁是不可信赖的，他会在"台独"的道路上越走越远。

有人来访，告诉我们，他亲自观察了台湾大选，发现台湾的选举只靠"煽情"，喊简单的口号，然后问：对不对？要不要？好不好？不需要什么政见，更不需要什么"论述"。过去有人认为台湾选举只问蓝绿，现在其实蓝绿已经趋同了，"抗中、拒统，靠美，趋独"，"渐进'台独'"不见得"不得人心"。这是应当警惕的。

一位泛蓝的民众说，陈水扁是"选举怪胎"，公投绑大选让他多得 5% 选票，两颗子弹又多得 3%，大约多得 80 万票。陈水扁是在温和派与基本教义派之间"打太极拳"，大陆对陈水扁是"招招见血"，使他很难招架，还是应当给他下台阶，否则两岸关系无法改善。

一位美国学者则认为，大陆已经削弱了陈水扁的影响力。现在如果中国领导人在"不明确"的条件下会见陈水扁，对陈水扁

有利而对北京不利，因为陈水扁会说，北京愿意与我谈。反之，如果要陈水扁接受北京的条件，陈水扁等于政治自杀。

怎么对待陈水扁这4年？是陪他"耗"下去？还是要设法突破僵局？这是当时面临的一大问题。

"五二〇"演说前后

在陈水扁就职演说之前，中台办、国台办发表"五一七两岸关系声明"，对陈水扁4年来在两岸关系方面的所作所为下了结论："自食其言，毫无诚信。"并且给他指明两条路——一是悬崖勒马，停止分裂活动，一是一意孤行，必将玩火自焚，看他如何选择。

我当时指出，发表这一声明，是迄今为止最强硬的警告，说明北京已经毫不在意陈水扁"五二〇演说"的内容，两岸形势已经面临最严重的时刻。当时有人认为陈水扁不可能悬崖勒马，因为陈水扁对"台独"十分执著，并且得到基本教义派的支持，也得到美国的支持，他必将一意孤行，誓不回头。但是，台湾舆论要求当局认真对待大陆的警告，各反对党也对陈水扁施加压力，民进党内部也有务实的声音，有70%的民意要求陈水扁的演说应当"缓和两岸关系"，美国也反对陈水扁向大陆挑衅。更重要的是大陆的强硬态度，迫使陈水扁不得不慎重对待。因此，我认为陈水扁正面临两难处境，但由于各方面因素的制约，是不会让他为所欲为的。

范希周指出：北京这次选在"五二〇"之前，先发制人的主动出击是十分罕见的。其实大陆在强调一个中国原则的同时，更重视维持现有一中框架，所有压力都是希望陈水扁不要改变一中框架、在一中框架中处理两岸关系，未来两岸才可能通过协商和平发展关系。只是要台湾回到一中原则，坚持"四不一没有"基本要素，"不是要台湾接受大陆新的东西，而是要台湾维持原有的东西"。这项声明也显示，北京对陈水扁过去执政表现出强烈的不信任，也对未来陈水扁继续提出"一边一国"、"制宪公投"提出警告。

"五二〇演说"发表后，我们立即做出评论。刘国深指出，陈水扁的演说只是"策略性的收敛"，在某些方面比4年前还有所倒退，比如，以前他还说"未来的一个中国问题"。现在只是"台独"列车减速了，不等于放弃了。陈水扁通过"制宪"达到"台独"的图谋并没有放弃。范希周指出，陈水扁演说是"原有立场的新包装"。陈水扁仍然站在"一边一国"的分裂主义立场，他的态度将决定两岸关系的前途，决定台湾的前途。我认为陈水扁的演说不只是代表他个人，而是代表民进党的集体表态，他在一定程度上接受了民进党内某些人的意见，从字面上看比以前灵活一些。既然过去4年民进党作为一个团队的诚信受到怀疑，现在陈水扁表示在他任内"宪改"不会涉及主权、领土、统独的议题，是否可以做到，人们还要观察，不会轻易相信。

四、2005—2007

内行人看《反分裂国家法》

2005 年 3 月《反分裂国家法》发表以后，各界舆论有不少反应，有的支持，有的反对。我在接受采访时，引用了几位内行人的看法。

我说，记得美国熊玠教授曾经讲过：如果要制定一个"反偷窃法"，除了企图偷窃的分子以外，谁会感到恐惧而要提出抗议呢？我想，你不搞分裂，就不必害怕《反分裂国家法》。

台湾也有不少人已经理解大陆的诚意，至少他们认为大陆这次做法是比较缓和的，没有提出"时间表"，没有提出"惩治条例"，不是那么"难以接受"的。有人主张台湾当局应当对大陆做出善意回应，和大陆和平相处。有的主张加强两岸经济合作，共同发展。有人认为这是针对"台独"的，把"台独"与台湾民众区别开来，令人放心；有人认为这是一部"和平法"，"不搞'台独'，《反分裂国家法》是台湾和平的最好保障"。有的认为《反分裂国家法》讲到"尚未统一，同属一中"是对台湾的尊重。

许多友好国家都表示支持，认为《反分裂国家法》有助于和平统一；是反对"台独"的强有力的武器。他们表示坚持"一个中国"、反对"台独"的立场。

值得注意的是，美国重要的思想库"兰德公司"（Rand Corp）经过研究认为《反分裂国家法》"有利于台海和平"，中国的政策并未改变。前白宫亚洲政策主任李侃如也认为《反分裂国家法》旨在遏制"台独"，避免台海一战。

台湾有三位先生的发言很有意思，一位是前"国防部"次长林中斌，他说：《反分裂国家法》的主动权在大陆，现在大陆不想打，打的可能性不大。另一位是民进党人林浊水，他认为《反分裂国家法》是"限制动武法"。第三位是许文龙，他是知名的台商，曾经支持过陈水扁，他说，《反分裂国家法》说两岸同属一个中国是对的，他看到保护台商的承诺"心里踏实很多"。我认为这都是"看懂了"的缘故。

国民党内部态度有所不同。连战认为这是针对"台独"的，而"台独"只是少数。他主张两岸签订"和平协议"，不独不武30～50年。态度比较好。而马英九则公然表示反对，他发动县市长开记者会，发表致国际社会公开信，带头反对《反分裂国家法》。据说，许历农打电话对他说：你知道吗？"'中华民国'国家安全法"就是反分裂的。

时间已经过去5年了，留下这个记录作为历史的记忆。

混进厦大听台研所的讲座

这句话是《我们台湾这些年》一书作者廖信忠说的。他在书中写道："后来，混进厦大去听台研所的讲座，发现厦大台研所的研究果然就如传说中那样最贴近台湾实情。那天是知名的陈孔立教授主讲，分析连宋访问大陆后两岸的情势发展。现在看来，他在那时能冷静得几乎完全预测到后来几年的台湾政局的发展，并且说明，当时大陆政府对台的政策已经是'不表态不介入'，就是选举时不说话，让台湾自己玩去。但当时民进党人还没发现这一点，每次选举都还想激怒中共以博取同情，事实证明这些伎俩已经没用了。"根据他的博客，在"现在看来"之前，还有一句："当时几乎全大陆都陷在一种两岸似乎马上就要统一的狂欢式气氛当中。"讲座的时间是2005年6月23日。

连宋来访，开启了政党间的政治对话，这的确是一个突破。达成两岸和平发展共同愿景，和平、和解、合作、双赢已经成为两岸的共识，更是巨大的收获。但当时有人认为两岸局势将会急剧好转，第三次国共合作即将出现，这种盲目乐观的情绪，将经不起两岸关系复杂多变的考验，如果抱着太大的期待，必将大大的失望。因此，我认为应当清醒地估计连宋来访的成果与局限，冷静地面对新形势下的两岸关系。

我认为这次连宋来访，让台湾同胞看出大陆同胞的热情与善意，看到大陆领导人包容的气度与雅量，这是其他交流所无法达成的。两岸关系将有所缓和，但这只是政党间的对话，而不是两岸当局的政治对话，即使我们与国民党、亲民党达成一些共识，但彼此的政治分歧仍然存在，因此，当前的形势是：和平和解，关系改善，分歧严重，任重道远。在台湾内部是：蓝绿并存，势均力敌，鹿死谁手，仍待角力。近期的任务是：扼制"台独"，维持现状，沟通对话，争取谈判。两岸问题的解决要做长期打算，不可急躁冒进、盲目乐观。

"台湾光复"的对话

2005年10月25日香港"中联办"举办"纪念台湾光复60周年座谈会"，我与上海东亚所所长章念驰应邀参加，台湾的尹章义教授也来了。中联办的领导、香港特区的官员也参加了座谈。

当时陈水扁当局对"台湾光复"十分冷淡。他们不讲"光复"，而讲"终战"。他们认为纪念抗战胜利、台湾光复就会把功劳归于国民党、归于大陆。他们甚至说，"抗日战争并没有胜利"，"台湾光复是中国人的观点，与台湾人无关"。

我的发言就是针对这些观点来讲的。我指出，所谓"终战"是日本人"发明"的，当年日本天皇发表《终战诏书》，就是不承认侵略、不承认失败、不承担战争责任。李登辉、陈水扁也说

"终战"，其目的是不承认当年台湾已经归还中国的事实，企图鼓吹"台湾地位未定论"，为分裂主义效劳。

在第二次世界大战中，中国抗击侵略的时间最长、牵制和消灭的日军最多，中国人民用自己的力量拖住了日本侵略者，为反法西斯战争作出了突出的贡献。正是在抗战胜利的前提下，日本才不得不把被他们侵占了50年的台湾归还中国。"抗战胜利"与"台湾光复"的关系是十分明显的、不容否定的。

在抗日战争的过程中，台湾人民所处的地位与大陆同胞不同。他们有的参加抗日，有的没有参加抗战却蒙受了灾难、作出了巨大的牺牲，当然也有人参加了日本军队。总的来说，除了极少数亲日派以外，绝大多数台湾人民与大陆同胞一样，都为抗战胜利与台湾光复作出了贡献或牺牲。对于部分台湾民众由于处境不同，而产生的复杂心态，应当从特定的历史背景进行考察，两岸同胞需要"同情的理解"，互相了解，互相包容。

尹章义的观点相当新颖，他指出，"台湾光复只是一个短暂的假象"，不久以后，台湾仍然在美国的控制之下。现在陈水扁当局向美国购买军备，变相成为美国的"看门狗"。他表示，如果2008年马英九上台，就会摆脱美国及日本的控制。随着中国国力的增强，真正光复台湾的大业将会完成。

章念驰表示同意尹章义的说法，从某个意义来说，台湾没有真正回归，没有完全的回归。所以，祖国的真正统一，台湾的真正回归，是这一代中国人新的使命。他认为现在台湾民众在认同上还存在混乱，只有建立新的民族认同，这才可以抚平这段历史的创伤。

"他是野狗"

2006年3月，美国兰德公司（RAND）高级研究员柯瑞杰（Roger Cliff）等人来访，他们关心两个问题：一是陈水扁会通过制定新"宪法"，发起"防御性公投"。陈水扁"创造力"很

强，可能想出出人意料的事，那时可能引起台海危机。二是马英九2008年可能当选新任"总统"。

我认为不要高估陈水扁的能量，他并不是可以为所欲为，他要受到许多牵制。有些事，不通过"立法院"是办不到的，而现在"立法院"的多数不在他手中。柯认为"台独"是做不到的，但陈水扁在"修宪"的过程中，可能不断做出许多危险的行为，那就会引发台湾危机，他们对此相当关注。

柯认为2008年如果民进党胜利，台湾就会更"独"，北京一定认为对统一不利。如果马英九上台，他的国际观与处理两岸关系的能力是民进党无人可以超过的。但柯认为马英九不一定在统一方面会有实质性动作，他不会主张统一，如果北京对他抱太大希望，可能就会大大失望。这个看法与我们倒比较接近。

显然，兰德公司毕竟是专业的智库，他们已经预测到两年以后的事了。我想与其说他们关心台湾问题，不如说他们更关心的是中国。他明白地告诉我们，他来要了解大陆学者对台湾的看法，以及大陆学者对决策所起的作用。"看法"我们可以畅谈，因为我们自己的看法就不会一样。至于"对决策所起的作用"，连我们自己也不清楚，要研究这个"课题"是有难度的。

不久，有一位美国外交官来访。我们谈到美国似乎与陈水扁、马英九都有密切联系。有人说，陈水扁是美国的走狗，你们怎么看？这位外交官毫不客气地说："他不是我们的走狗，他是野狗。"显然他们对陈水扁这个"麻烦制造者"是相当不满的。

至于马英九，他的看法也不算客气，他说：马英九去美国，美国媒体很少报道，很多人不知道马英九是何许人。听他演讲的多是华人。有人说马英九去美国"面试"，那是马英九的游戏，而不是我们的游戏。

与此同时，有一位台湾学者告诉我们：美国已经成为稳定台湾政权的主要力量，即使马英九上台，也难摆脱美国的左右。

可以看得出来，美国人已经关注到马英九这个美国培养出来的法学博士可能成为台湾的新领导人，但他们不想与他"套近乎"，以免引起中国大陆的过分担心。

地下电台现身说法

没想到一位地下电台的负责人居然前来访问。我们对此也颇感兴趣，且听他怎么说。

这是一位前民进党党员，上过街头，拔过"国旗"，砸过官府，关过监牢，什么事没做过？长期在基层摸爬滚打，什么话乌七八糟的事都知道："立委"都在包工程；许多"立委"跑大陆来讲"统一"，回去则不讲；李鸿禧对陈水扁说，上台以后李登辉的事不要追究；谢长廷下台以后说要"三通"，在台上就不讲；选议员不买票就选不上；王丹领了台湾的钱；国民党按部就班，按时上下班，不加班，选举怎么会赢；民进党没有加班费，大家拼命干；中广、中视都没有全力配合国民党选举……

他说，地下电台的主要对象是有"台湾主体意识"的老人、讨厌国民党的人。因为外省人有"18扒"(退休人员的优惠存款)，还有配房，台湾人受不了。台湾民众一听"中国"就怕死了，民进党打"中国牌"就有票。地下电台就整天骂中国。每年从大陆赚500亿，还天天骂大陆，天下就有这样的怪事。这位地下电台的老板，用这样的语言来形容这批台湾人的心态："宁可让美国、日本强奸，也不让中国摸手。"

怎么骂呢？办法很简单，吓唬人：说中国有十几亿人，来台湾就会把台湾踏平；中国劳工来台湾，台湾工人就会失业，没有饭吃；中国人来会把你们的老婆抢走；对老妓女说，大陆妹来了，长得又高又壮，谁还要你们。用"台语"的顺口溜说，就是"达埔找无工，查某嫁无尪"(男人找不到工作，女人嫁不到丈夫)。尽是这些胡说八道。可是就有人相信，骂得越厉害，就听得越"爽"，效果越好。

地下电台规模小，成本低，固定范围，用"台语"(闽南话)广播，一边讲政治新闻，多半是"绿色"观点，一边以"健康食品"为名，卖劣质药品。地下电台有固定的听众，他们长年听一个电台的广播。一台收音机（有的是地下电台送的）放在地头、田间，或工地、厨房，收听方便，听惯了，还少不了。面对这样的"对手"，国民党都感到头痛，大陆就更难对付它了。

陈水扁不会下台

2006 年 5 月 31 日陈水扁宣布"有限放权"，对此，人们有不同的解读。台湾有人认为陈水扁是为了舒解家庭弊案的压力，避免党内对他的不满。我则认为这是陈水扁挽救、巩固自己地位的一种手法，企图达到避免辞职或被罢免下台的效果。台湾有人认为只要陈水扁被证明与弊案有关，他就必然要下台或退党。我则认为他不可能主动下台，而要罢免他，程序相当复杂，没有那么容易办到。

后来，红衫军发起"倒扁"运动。不久，有一位台湾"名嘴"来访，他声称："在中秋节前，陈水扁一定下台。"当时我就说："你们没有本事拉他下台。"因为这位"名嘴"只是看到台湾的"民气"，认为只要人多势众就一定会把陈水扁拉下台，而不是从政治制度上进行考察。

按照台湾现行的"法律"，要让陈水扁下台，只有两种办法：一是罢免，需要三分之二"立委"通过（147 席），而泛蓝没有达到这个票数。二是弹劾，同样需要三分之二，而且需经大法官通过，民众无权参与。还有人认为"倒阁"只要二分之一"立委"通过就行，其实"倒阁"只能倒"行政院长"，倒不了陈水扁。总之，通过"体制内"的法律程序肯定无法迫使陈水扁下台。

此外，只有暴力革命才可以做到了。但是，我对台湾学者说，在你们的体制下没有这个条件，你们在野党没有掌握武装，没有人会闹革命。像泰国那样的军事政变，台湾不会出现。香港媒体报道了我这一看法，但也有海外媒体断章取义，说我"鼓动暴力"。

我还对媒体说，现在很多人喊"陈水扁下台"，他们可曾想到这等于在喊"吕秀莲上台"？因为根据"'中华民国'宪法"，"总统"缺位时，由"副总统"继任。如果陈水扁下台，除了吕秀莲以外，任何人都不能上台。

当时，大陆有很多人认为陈水扁面对困境，一定会"破罐子破摔"，会搞"法理台独"。我认为陈水扁不能为所欲为，他要搞"法理台独"，只有两个办法：一是通过"立法院""修宪"，但只要有四分之一"立委"反对，就不能立案。二是发动"公投修宪"，需要有大约 8 万人提案，80 万人连署，经过 50% 选民投票，50% 赞成才能通过，这也是很难做到的。民进党内很多人对此没有兴趣，泛蓝反对，美国提出警告，我们的《反分裂国家法》更是有力的武器。陈水扁弊案缠身，遍体鳞伤，他已经有心无力，搞不了"大动作"了。对于"法理台独"，他可能还会喊，还会叫，目的是转移视线和激怒大陆，一旦我们强硬表态，他就会把矛盾转移到"中国人欺侮台湾人"的方向上去，让他在困境中脱身。所以，我们不理他就好了。这样，陈水扁的困境会延续到 2008 年下台为止。不看到这些因素，以为陈水扁可以不顾一切、蛮干到底，这种想法显然是错误的。

"四要一没有"

2007 年 3 月陈水扁把"四不一没有"改为"四要一没有"：要"独立"，要正名，要"新宪"，要发展，没有左右路线。香港凤凰台主持人邱震海邀请美国战略与安全研究中心的葛来仪、中国社会科学院的李家泉和我对谈。实际上，我们谈的重点是什么是"法理台独"？"法理台独"是不是一个严重问题？

关于"法理台独"，确实没有一个公认的定义，人们的理解也有所不同。有人认为，只要台湾方面要修改"宪法"就是"法理台独"，有人则着眼于是否导致领土主权的分裂。美国学者对于把任何"修宪"都说成是"法理台独"很不以为然。实际上通

过讨论，我发现对谈者在这个方面是有交集的。交集点就在于大家都承认涉及领土主权的"宪改"就是"法理台独"。中国官方的说法也就是这个意思："企图以所谓宪法和法律的形式把台湾从中国分割出去"。

因此，我对"法理台独"的定义提出如下的建议："'法理台独'是以立法加以确认或依照法定程序所做出的、能够正式表达台湾脱离中国的意思表示、否定台湾作为中国领土的法律地位的分裂行为。"这里有两个关键词："法律"和"领土"。这就是说，不是通过法律手段，只是个人胡说八道还算不了"法理台独"。不是涉及领土主权的变更，只是当地事务诸如"立委"名额、任期、采用"什么制"之类，也不列入"法理台独"的范围。

至于"法理台独"的严重性，似乎两国学者的看法有较大的差异。美国学者认为陈水扁叫嚷"法理台独"只是"夸大其词"，不相信他会有重大的政策转变，实际上中国并不担心陈水扁的"法理台独"，中国对处理"台独"问题已经有信心，知道他不敢突破红线。

我认为葛来仪看到了事实的一面：整个国际形势和中国综合实力的增长，使中国大陆增强了遏制"台独"的自信，陈水扁要搞"法理台独"难以得逞。但她忽视了另一面：陈水扁和台湾当局在推行"法理台独"方面仍然不遗余力。陈水扁提出"四要一没有"，公然叫嚷"要'独立'"、"要正名"、"要新宪"，这当然是分裂中国的"危险一步"。紧接着游锡堃叫嚷"绝不赞成'四不一没有'继续存在"。他们所谓"新宪"已经提出许多版本，其中所谓"党版"的"'台独'修宪案"就涉及领土主权问题。对此，美国作为旁观者可能并不感到危险，而中国大陆作为当事人，面对"台独"的公开挑衅，这是涉及国家核心利益的大事，怎么可能轻轻松松地也"不以为然"呢？

我们不会要求美国学者完全站在我们的立场上，对"台独"采取同样的态度。但我们希望美国学者能够理解我们对"法理台独"的严正的立场和严重的关切。

"台湾国民党"?

2007年5月我们访问台湾时，国民党为了适应选举的需要，提出修改党章，强调"以台湾为主，对人民有利"，"捍卫台湾，认同台湾"，力图说明国民党是本土政党、马英九是站在台湾一边的。

甚至有人主张改名为"台湾国民党"，这就引起了党内的争议。在一位老国民党员对我说，在党章中加入"台湾"，就会把"中国国民党"改变为"台湾国民党"，他无法接受。萧万长对我说："国民党如果没有本土化论述，2008年就会失败。"他认为即使改名为"台湾国民党"也没有什么不可以，名称不重要，重要的是"心"，反对"台独"，维持现状，和平发展就是好的。

有一位教授对我说，他刚刚去过大陆，深切感受到大陆对马英九的期待，2008年如果马英九当选，最高兴的不是国民党，而是共产党。另外一位教授说，大陆不要被国民党"绑架"，大陆与国民党太亲密，就会让民进党更"独"，国民党也会因为与大陆太亲近而失去选票。他说，现在台湾主张"统"的大约15%，主张"独"的大约25%，如果国民党支持"统"，就会失去85%的选票。他们的意思是大陆如果与国民党太接近，反而不利于国民党。这也许就是国民党力图表白自己的"台湾立场"、处处要求"台湾优先"的一个原因。

国民党是否会向"台湾国民党"转化？这是一个值得观察的问题。几年前，国民党高层就有"不提一中，不反'台独'，维持现状"的说法，也有人提出改名为"台湾国民

党"，在党章中删除"统一"的字眼，看来这个转变已经在悄悄地进行中。有一位教授警告说：国民党正在"去统"、"绿化"，它背离了国民党的历史，成为一个假国民党。

萧万长印象

2007 年 5 月 28 日，我前往台湾政治大学参加会议，萧万长通过政大教授陈德升约我餐叙。

其实，我很早就注意到萧万长这个人，因为我感觉国民党似乎在刻意培养这位本土精英。1994 年我访问台湾时，他刚好就任"陆委会"主委。我当即表示：萧的作风比较务实，由他主持台湾的对大陆工作，显示台湾当局愿意积极发展两岸经贸关系。将来以经贸为主轴，两岸关系会出现良性的互动。并且认为萧提出"境外转运中心"的构想，对两岸经贸交流是一种务实的善意的做法。当时也在台湾访问的厦门大学法学院长陈安，与我不约而同地称赞萧万长提出"境外转运中心"是匠心独具的务实做法。台湾媒体同时报道了我们二人的看法。

当时，我还没有机会与萧会面。后来，国民党下台，萧先生以"两岸共同市场基金会董事长"的身份多次访问大陆。2005 年他应邀来厦门大学演讲，朱崇实校长宴请萧先生时，我出席作陪，有机会与他面谈。我对他说，我很早就注意到国民党似乎刻意培养了你这位本土精英。因为你原来只是一个小"外交官"，后来担任"国贸局长"、"经建会"副主委、组工会主任。说到这里，他插话说，你还记得这个职务，我只当了很短的时间。我说，后来你又当了"经济部长"、"经建会"主委、"陆委会"主委、"立委"直到"行政院长"、国民党副主席。按照大陆的话说，这叫作"爬楼梯"，你是一层一层爬上来的，而且"外交"、经济、大陆工作、民意代表直到掌握全盘，都做过了。你的资历相当完整，很少人有这样的历练。但是，我认为国民党太不重视培养本土精英了，以致现在提不出多少人来与民进党竞争。我对

走近两岸

他说，他提出的两岸共同市场，已经引起我们的重视，我们台湾研究院的经济研究所，有人专门做了研究。他也到我们院里和大家交换过意见，并且赠送了他的著作：《一加一大于二——迈向两岸共同市场之路》。

萧万长谈"海西"

那时，萧万长还没有决定参加 2008 年的大选。他约我餐叙时，由陈德升作陪，我则由我的学生、厦门市台湾学会秘书长曾建丰陪同。我利用这个机会向他"采访"，在台北世贸中心 34楼，一边吃，一边谈，长达两个小时。

他曾经说过，两岸共同市场可以在厦门或福建试行。那时福建方面已经提出建设"海西"的规划，我就这个问题征求他的意见。

他指出，"海西"建设在大陆各地的竞争中，如果没有特别的措施，很难占有优势，也很难取得成效。他说，海西一定要与台湾连接起来，不但只是为了当地的经济发展，还要从发展两岸经贸乃至发展未来两岸关系、为海峡两岸和平稳定着想，这样才有意义。

2007 年作者会见萧万长董事长，左一是陈德升教授

他胸有成竹地提出一系列意见，我认为可以作为福建方面决策的参考。例如，他建议把福建作为两岸直航的试验区；作为台湾金融业"登陆"的试点，台湾银行可以整合为一家来福建开业；福建的国有企业可以拿出几家让台商投资，等等。此外，他指出，现在大陆在农产品方面一再向台湾农民释出善意，可是一般农民感受不到。只有好的意愿是不够的，还需要有好的方法。

对于福建目前的基础建设，他认为条件相对还比较差，作为补救的对策，第一，要在土地方面给予方便，即批地要放宽一些。第二，要在免税方面比别的地方好一点。他说，他能听到产业界的声音，了解他们的需求，因此提出上述建议。我对这个问题没有研究，回来以后立即向有关部门转达，也不知道他们后来怎么处理。

作为"大选"旁观者的萧万长

由于当时萧万长还没有决定参加"大选"，所以他不是以"副总统"候选人而是以"旁观者"的身份，和我们毫无拘束地谈起来了。

他说，政权不在我们手中，什么事都不能做。要夺取政权，靠的是选票，选票是一票一票累积起来的。贩夫走卒的力量很大，选票多。这些人不是仇恨大陆，他们是要台湾自己先搞好，不急于与大陆确定政治关系，先顾自己的利益，台湾优先，先自己然后才考虑亲戚朋友，这是很正常的。

他分析国民党与民进党的实力，坦率地谈论国民党存在的问题。

他说：中南部民众不把国民党看成我们自己的政党。民进党既没有政绩，又搞黑金，可是还能选胜。高雄市长选举时，我从民间得到的都是对国民党不利的消息。

国民党失败在于：第一，不团结；第二，没有危机意识。国民党原来是列宁主义政党，自上而下决策，不适用于民主选举时代。应当自下而上提出，在争论中取得共识。至今国民党还是自上而下，例如这次修改党章，不是先由基层提出，经过讨论，而是由秘书长先讲出来，结果内部意见分歧，各怀鬼胎，给人不团结的印象。国民党内部讨论是一言堂，出去以后各自发表不同意见，显得不团结。

国民党的组织没有很大作用。马英九选市长不靠组织，而靠个人形象。国民党内老人不肯让出位子。青年人在党内感到没有希望，因此认同国民党的人少，支持国民党的人也少，甚至有人跑到民进党里去。

民进党在内部吵，出去就不讲了，否则会被孤立。民进党比较团结，敢于与党作对的人，就没有政治生命。"十一寇"就是一个实例。民进党在选举中会操弄议题，"修宪"、"正名"、"去中国化"都是骗票的。他们攻击大陆，只要大陆回应，就等于替他助选。他们会说大陆"打压"台湾，台湾人要反抗，要用选票来反对大陆。

谈到国民党的"总统"候选人马英九，他认为马英九要想当选，就应当融入本土，才能打开局面。

我认为他是相当冷静地面对现实，这次大选国民党确实应当有危机感，才能认真地研究如何对付自己的对手。不久以后，他被国民党列为"副总统"候选人，从旁观者变为当事人，不知道他的看法是否对国民党的"选战"发挥了应有的作用。

期待大陆的善意

谈到对大陆的看法，萧万长说，希望大陆能够善意对待台湾。

他表示赞同我在《两岸僵局下的思考》一书中强调的"同情的理解"，他希望大陆要加深对台湾的了解、理解，进而促进和解。他认为大陆要有耐心，要有自信，大陆越来越强大。而现在台湾是政治脱轨，但"台独"只是少数人，"我是台湾人"则是多数。

大陆对台湾的善意，可以体现在以下三点上：一要尊重台湾民众当家作主的意愿。二要尊重台湾的国际地位。在不涉及主权原则下，要给台湾以帮助，大哥哥带小弟弟上国际，大哥哥帮小弟弟取得应有的国际地位。台湾民众对大陆的观感就会改变。三要处理飞弹。何必部署飞弹？两岸之间不必动用飞弹，否则谁能负起责任？如果动用，那是不可思议的。飞弹后撤，代表大陆有自信，有善意，有利于国际观瞻，也有利于争取台湾民心。

保住执政地位

　　我与萧万长的交谈在下午2时结束，立即到世贸中心的下一层，即33楼，与陈忠信会面。他当时是"国安会"副秘书长。

　　一见面，他就说，你的公子很活跃啊。他指的是我的儿子陈动。陈动是厦门大学法学院教授，研究两岸的法学问题，曾经在"世界华侨华人联谊大会"上解读《反分裂国家法》，也曾发表《论国名与国号》的论文，因而引起他的重视。陈忠信毕竟是

2007年会见"国安会"副秘书长陈忠信

"国安会"的大员，而且是"大陆通"，大陆的很多信息他都能掌握。

他埋怨大陆"拉拢国民党，孤立民进党"，你们对民进党"坚壁清野"、"晾在一边"，切断与台湾当局及民进党的一切联系，双方完全没有互信与沟通管道。这样的结果，必然导致大陆与台湾在野党会谈的结果，民进党根本无法接受，两岸关系越走越僵，甚至影响两岸事务性交流。两岸执政者之间完全没有互信，什么事也谈不成。客运包机周末化、货运直航、开放大陆游客来台旅游、台湾代表团参加奥运等等都无法正常磋商。奥运圣火经过台湾，本来两岸的默契是从其他国家经台湾再到香港，但大陆方面后来坚持要走"港、台、澳"所谓中国的"境外路线"，台湾当局当然不会接受。大陆应当考虑到办奥运是件大事，树立"大国"、"和平"形象才是主要目的，台湾有没有代表团参加对台湾影响不大，但对大陆却影响较大。

他认为从现在到明年（2008年）5月，两岸关系不会出现大的问题，但也不会有大的作为。如果两岸关系紧张，对民进党选举反而更有利，毕竟保住"执政地位"对民进党来说，比任何事情都更重要。

他估计，依以往案例经验，马英九想被判无罪已不可能，但量刑可能不会太重，马虽然可以继续参选，但这必然引起党内争议。而谢长廷虽然也有各种告诉，但至今都没有被起诉。初选中出现派系冲突，但大选时全党还是会支持他的。

谢长廷是现实主义者，明年当选的可能性很大。由他"执政"，在两岸关系方面会有所作为。那时希望大陆能够与他们接触交流，官方还不便，学者可以来。他们可以看出是代表哪一方面的意见。如果不与他们往来，两岸僵局就无法突破，两岸就会重蹈陈水扁式的"两岸经验"，对大家都没有好处。如果马英九当选，则民进党会强烈反弹，那时他什么事也办不成。

我们大约谈了一个半小时，然后我要去书店，他用他的座车送我到诚品书店。当时我感觉到他们已经做好"继续执政"与

"下台在野"的两手准备。

"入联公投"与"返联公投"

2007年7月间，台湾当局提出准备就台湾加入联合国举行公民投票。有人说这只是一种"选举造势"。记者就此向我采访，我说，如果是假戏假唱是一回事，如果是假戏真唱就严重了。大陆对台湾推动加入联合国和举行加入联合国公投非常在意，虽然前者不会成功，后者也还没有正式成案，但是两者都涉及领土主权完整的问题，大陆必须明确表态。与明年台湾大选比起来，大陆现在更加重视"入联公投"的问题，因为大选毕竟是台湾内部的事务，而"入联公投"则是影响两岸关系的问题。"入联公投"是要改变"国号"，以"台湾"名义加入联合国，涉及领土主权，我们决不允许。

后来，国民党也提出"返联公投"，要用"中华民国"名义"重返"联合国。国民党方面提出"台湾就是'中华民国'"，这就改变了"中华民国"原有的领土范围，也涉及领土主权问题，在本质上与"入联公投"没有差别。我们集中打击民进党当局的"入联公投"，但如果认为可以允许"返联公投"，那就是错误的观点。

我们对于台湾民众不能进入联合国的感受是能够理解的，但是这应该透过两岸协商来寻求解决，台湾径行推动加入联合国或进行"入联公投"，不但不能解决问题，反而只能增加两岸紧张局势。

后来，民进党人告诉我们，谢长廷表示"入联公投"不是选举的主轴，也不一定要"绑大选"，他知道这对两岸关系会造成伤害，一定会慎重处理，还可能与国民党的版本（即"返联公投"）进行整合。他们说，谢的性格是比较圆融的，他主张与国民党妥协，也与大陆妥协。看来他们对大陆在这个问题上的态度是相当重视的。

五、2008—2010

民胞物与

马英九当选以后，有许多台湾学者来访，他们不约而同地为马英九说好话，希望我们珍惜两岸关系空前未有的机遇。概括起来，谈的主要是以下三个方面的问题。

第一，大陆对马英九不能要求过高、过急。有人说，台湾泛蓝民众只希望马英九上台能够回到正轨，而不要求出现奇迹。希望大陆方面也不要要求过高。这完全是正确的。当时确实有一些大陆同胞以为马英九上台了，两岸就会早日实现统一，这种一厢情愿的看法，不了解对方的处境，不了解对方的困难，希望过高，就会大大失望。有人还警告我们，如果对马英九逼得太紧，马英九与大陆走得太近，就会受到反对党的攻击。现在已经有人在说，马英九可能成为"石敬瑭"，就是出卖台湾主权，换取大陆对他的支持。这样，马英九就会失去民众的支持。

第二，替马英九解释。例如，选前马英九曾经说过，不排除停止派团参加北京奥运。有的学者给我们解释，当时马团队中没有懂得民族事务的人才，对西藏问题不了解，马英九发言不够慎重。现在不会抵制奥运会。希望大陆抱着"民胞物与"的态度，给台湾机会。甚至提出让马英九作为台湾奥运代表团团长参加盛会，一定对奥运有正面影响。

第三，要给马英九好处，给他有力的支持。有人说，国民党提出"以台湾为主，对人民有利"，这两条都很重要。陈水扁只

要"以台湾为主",没有做到"对人民有利",所以他失败了。马英九要顾到这两条,所以希望在"国际空间"上有成绩,否则他也很难交代。有的学者说,在奥运会之前,大陆对台湾的要求都能满足,奥运会后是否还会这样?他们特别关心的是台湾的"国际空间"问题,在这个方面开了不少"单子"。例如,要让台湾的高官过境美国,并且给予比以前更高的礼遇;特别是明年(2009年)5月要让台湾参加世界卫生大会(WHA),这是大陆的"诚意指标"。如果做不到,对台湾冲击太大,对两岸关系十分不利。有的甚至提出"主权分享",打算一揽子解决台湾的国际空间问题。他们强调,大陆在外交上要有让步,否则美国就会成为台湾的保护伞,"你要国际空间就来找我,不必找大陆"。

我对亲国民党的学者说,你们在野时,我们可以共同对付民进党,现在你们上台,就成为我们的对手了。你们提出许多难题,却也不愿意与我们谈,这样怎么能解决问题呢?

后来,我们听到这样一些说法:有一位学者告诉我们,美国人划了两条红线——"不能暗示中国对台湾拥有主权","台湾参与国际活动北京政府不能拥有最终决定权"。这两条线,台湾当局绝对不敢踩上。一位民进党人说,马英九"政府"是代表美国意志的台湾"政府"。苏起这些人是最了解美国意志的人,不必与美国沟通,都能自发地领会美国的意志。一位国民党人则说,CIA通过民进党来制约国民党,又利用国民党中的某些人来制约马英九。对于这些说法,我们作为研究者缺乏求证的手段,因而也就缺乏判别真伪的能力。一方面只能姑妄听之,一方面则深感台湾问题的复杂与研究之不易。

二轨? 三轨?

2008年6月金门技术学院与台湾铭传大学在金门召开"两岸政治发展下之两岸关系学术研讨会",我应邀参加。在会上,见到赵春山、杨开煌、周阳山、张五岳、高辉等旧朋友,也见到刚刚担任"国安会"咨询委员的蔡宏明。他关心大陆对两岸共同市场的想法，在这方面我没有研究，无法给他任何信息。

我当时关心的是两岸之间的交流轨道问题。在会上，杨开煌参考"二轨外交"的经验，认为"两岸两会并非二轨"而是一轨的代理人，而国共平台则可以作为两岸"正式的二轨"。他还曾指出：一方面，在两岸非政治性议题上，以搁置争议的方式共创双赢，积累互信；另一方面也必须另辟别径，直面难题，双方完全可以公开己方学者曾提出的构想，从而归纳筛选若干具可行性、有操作意义的方案，再加深化，进行两岸学者的辩论；一则将争吵局限于会议之中，减少正式场合的斗争，伤害彼此的互信，再则也可以经由不断的争论，刺激彼此的思考，以便寻找出办法。官方可以搁置争议，但学者可以互相争论，两线并行不悖。

我当时提出，马英九表示"两会"是第一轨道，国共平台是第二轨道，我认为只有这两个轨道是不够的，可以参考"多轨外交"(multi-track diplomacy)的概念，建立多体系的途径，尤其需要开辟民间轨道，即第三轨道。它可以包容不同政治态度、不同观点的意见，弥补第一、第二轨道的不足。就台湾来说，现有的两个轨道，既没有包括所有的泛蓝政党，更没有包括泛绿。只有通过两岸各种不同意见的争议，逐渐凝聚共识，建立互信，才有可能提出具有可行性的方案，提供两岸决策层参考，为下一阶段第一轨道的协商打下基础。

我之所以提出这个意见，是因为现有的"两会平台"与"国共平台"都是官方的或官方授权的轨道，无法反映民间的意见，而官方轨道受到政治局势的制约，一时还无法讨论敏感的政治议题，在这个方面两岸当局都可以充分利用与发挥学界、政界的作用。换句话说，在商讨两岸政治议题时，两岸学界、政界不应当缺席。我的意见与杨开煌有交集之处，当时蔡宏明对此相当重视，他认为两岸当局应当考虑这样的意见。

后来，两岸之间的交流相当频繁，而且已经提出许多有价值的意见。不过，民进党已经表示，把"国共平台"扩大，或举办没有开展实质性研讨的"论坛"，他们是不愿意参加的。

我成了"鹰派"

台湾当局提出"外交休兵"以后，大陆有些学者接受这个观点，认为现在马英九上台了，大陆应当给予支持，可以"外交休兵"，不与台湾争夺"建交国"，可以让台湾参加一些国际组织。有的提出让台湾以"观察员"名义参加所有的国际组织；有的提出在建交方面，双方都不要主动，要让"第三方主导"；有的主张由我方主动提出修改国际组织的章程，让台湾可以参加，等等。于是，有不少台湾学者前来了解我们的看法。他们强调，"大陆在国际空间方面一定要'放'，否则马英九就没有成就感。特别要让台湾参加世界卫生大会（WHA），你们让台湾参加WHA，台湾会在WHA支持你们"。

我仔细地研究了这个问题，对他们做了具体的分析。

在建交国方面，据我所知，现在有好几个国家要求与我们建交。如果要"外交休兵"，我们就要对他们说：对不起，我们两岸正在"外交休兵"，你们要建交，需要等一等。这符合国际惯例吗？你们说，大陆要建交先要向台湾"通报"，并且给予"补偿"。现在两岸不可能达成这样的协议，大陆凭什么要事先通报？再说"补偿"，拿什么补？你们要的都是涉及"国际空间"问题，有那么容易"补偿"吗？在非邦交国方面，你们要求以"国家"或"元首"名义出现，这就会造成"两个中国"。在参加国际组织方面，有人说让台湾以"观察员"名义加入WHO，而WHO根本就没有"观察员"，只是WHA才有，但WHA的观察员都是主权国家。你们希望萧万长能够参加APEC会议，如果用"副总统"的身份，就会造成"两个中国"，我看还是由连战参加为妥。

后来我把这些看法写成《"外交"怎么休兵》一文，在《联合早报》发表，指出："面对难题，需要两岸认真对待，共同磋商，找出双方可以接受的解决办法。如果采取单方'放话'的方式——'我把问题提出来了，球在你这一边，就等着看你怎么处理了'，这样，把不解决问题的责任推给对方，对于改善两岸关系没有好处。"

此文发表以后，香港媒体说，陈孔立一向给人温和派的印象，现在却反对"外交休兵"，似乎"鸽派变鹰派"了。其实我没有变，而只是实事求是地探讨两岸的难题，把难点讲出来，希望能够通过双方的协商求得解决，而不是慷慨地答应：什么都好解决。后来我又写了《台湾能参与联合国专门机构吗》等文，对当时台湾方面准备参加的国际货币基金组织、世界银行和世界卫生组织等要求，一个个地进行分析，说明台湾要参加这些组织不符合相关章程的规定。如果台湾方面对它期待过高，或者认为只要大陆"放手"就可以解决，那是一厢情愿的想法。

11月，我们台湾研究院有5位学者访问新加坡国立大学东亚研究所，我在接受记者采访时说，我们理解台湾同胞对于参加国际活动的心情，我们都在研究解决的办法，也有一些方案，但是我现在不能讲，为什么？因为台湾有一句话叫做"见光死"——太早说出来，别人一看就把它打倒了，再好也没有用。还是留到该用的时候用吧。

现在大家已经可以看出，台湾所谓"国际空间"是一个难题，并不像当初想象的那么容易解决。

得寸进尺

当台湾可以用观察员的名义参加第62届的世界卫生大会后，台湾学者又开出一些"单子"，要我们"再宽容一些"。除了以前提出的以外，他们还提出要参加国际海事组织、国际民航组织、万国邮政联盟、亚欧会议、国际刑警组织、国际动物卫生组织以及东协10＋N等等。

此外，对于已经参与的国际组织，他们认为台湾还处在"不完全参与"的状态，例如，亚太经济合作组织（APEC），为什么台湾的"元首"不能参加？为什么台湾不能举办部长级会议？世贸组织（WTO），为什么台湾只能以"单独关税区"的名义参加？等等，他们试图改变这种现状。

　　我对台湾学者说，大陆有不少人担心在参加国际组织方面，你们会得寸进尺。这位学者听了以后哈哈大笑，他坦白地说：我们就是要得寸进尺啊，不得寸进尺怎么行？另一位台湾学者指出：台湾"外交部门"希望能够参加所有的联合国专门机构，"一网打尽，不漏一个"，但这会让大陆觉得台湾好像太贪心，一下子想参加那么多。联合国的附属组织有几十个，大陆不可能一下子给太多，否则给完了，以后拿什么给台湾？

2008年访问新加坡国立大学东亚研究所，会见郑永年、黄朝翰所长

我认为台湾方面强烈要求参加国际组织，有的确实有实际需要，有的则不见得，可能更多的是出于政治目的，即要显现主权国家的地位。在两岸搁置争议的条件下，对于分歧的问题，任何一方都不可能得到满意的解决，只能做到"虽不满意，但可接受"。台湾方面要大陆认同是主权国家是办不到的。我还是本着解决问题的态度，主张对一个一个组织进行研究，能解决的先解决。

这个问题曾经"热"了一阵，后来由于台湾当局强调"先经济后政治"，这个问题也就"后"起来了。可见这个问题是"不急"的，也是"急不得"的。

在"病房"里的民进党

马英九上台以后，仍然有不少"泛绿"人士来访。他们对民进党的处境有这样的描述：民进党在 2008 年大选失败之后，曾经入住"加护病房"，到了年底，已经转到"普通病房"。陈水扁的"癌细胞"已经传染到民进党，所以不敢"切割"，否则会转移到全身。

我们提出，民进党至今没有全面检讨失败的原因，也不敢与陈水扁切割，要恢复元气是很困难的。有人说，民进党目前不能去检讨，一检讨就会有不同看法，就会引起党的分裂。蔡英文当前的第一要务是"收拾民心，团结全党"，别的都还顾不上。现在一审还没有判决，凭什么与陈水扁切割？8 年来陈水扁已经与民进党连成一体，无法切割。还有一位了解民进党内层动态的朋友说，民进党正在研究对策，并不是无所作为。9 月 11 日陈水扁一审判决后，可能会有所宣示。

有人说，民进党执政后，"初尝权力的滋味"，才知道原来有权可以做很多"歪哥"的事。民进党人当官，要给桩脚"人情"；民进党的幕僚也可以用长官的名义做坏事；"立委"助理可以享受"立委"的特权等等，于是上行下效，贪污盛行，无法抑制。

现在"泛绿"民众对民进党有两种看法。一是看坏：弊案不断；两岸关系稳定，两岸交流频繁，民进党失去抗拒的本钱；单一选区两票制，使民进党很难翻身；民进党大佬与后进之间出现断层。一是看好：民进党还有 27 席"立委"，还有三分之一民意支持；两岸交流有人受到冲击，可以拉拢；国民党出现内斗，马英九能力较差。总的说来，泛绿民众认为民进党是本土的、"野生的"新兴政党，而国民党是外来的、"饲养的"旧政党，他们对民进党有感情，不会抛弃民进党。

一般民众赞成这样的说法："台湾已经'独立'，但不要与大陆决裂。"民进党不能自外于两岸弈局，应当要有一个"两岸论述"。但有人说，民进党现在只能应付各项选举，还顾不上两岸关系的问题，也缺乏相关的人才。

对于"呛马反中"，有人表示因为马英九"过分倾中"引起民进党的疑虑，马英九上台不久，所得的比陈水扁 8 年还多，民进党认为国共联合打击民进党。不过，"反中"只是"呛马"的手段，希望大陆不要给马英九太多好处。有人则认为作为反对党，"呛马"是必要的，但不要"反中"，应当大胆参与两岸交流，正面对待两岸关系，只有这样才能与国民党竞争。

泛绿民众认为到目前为止，蔡英文的讲话还是"中规中矩"的，如果没有她，民进党内谁也不服谁，她还是有魅力、有实力的人。

马英九的压力

2008 年 12 月 31 日胡锦涛讲话发表后，泛蓝人士纷纷来访，他们关心许多问题，而且多数是涉及政治的问题。我对他们说，马英九强调"先经济，后政治"，现在来谈经济的较多，我们研究政治的学者就相对"清闲"了。你们为什么还要来？不是还不到谈政治的时候吗？他们只能苦笑以对，因为他们也感到有许多政治问题，不谈是不能解决问题的。

他们谈了不少马英九经受的压力。现在两岸关系走得快，胡锦涛的讲话先定了统一的框架，要谈"统一前"的政治关系。民进党认为这是要在马英九连任前先"安"上"政治统一"的框架，然后再慢慢"消化"。民进党说，大陆以经济掩盖政治意图，短暂的经济好处，会让台湾主权流失。他们认为马英九"让步太快"，这一切都使马英九感到压力。

目前在台湾只讲"一个中国"是很难接受的，必须讲"一中各表"，如果强调"终极统一"对马英九是不利的。台湾最大的问题是经济问题，政治如果走得太快，会形成分歧与抗争，在野党也可以大肆炒作，对马英九不利。因此，马英九很难回应胡总书记的讲话。他只能表示谈和平协议的时机未到，没有配合大陆的时间表。

我说，胡总书记的讲话表达了推进两岸关系和平发展的政治主张，是新时期对台工作的纲领性文件，体现了我们对台湾方面的诚意、善意和创意。我们了解台湾当局的处境，也赞成按照"先易后难，先经济后政治"的思路逐步推进，而没有任何强加于人的意思。你们连迫切要求参加世界卫生大会的事，都不想谈，我只是多次呼吁要谈，但绝不可能"逼"你们来谈。

有人说，马英九对两岸关系有自己的定见，在第一任期不可能有大动作，到了第二任期一定会有所作为。这是猜测还是推论？还有待证实。

路线图

台湾学者也与我们讨论了两岸关系和平发展的路线图问题。例如，在"结束敌对状态"之前，是否有许多事情要做，例如，先建立互信，保证不首先使用武力，或先撤除导弹等等。国际空间是否可以先谈，定出一个底线。和平协议则放在中程阶段。

对这个问题确实存在许多不同看法，例如，是否要先结束敌对状态，然后都能签订和平协议？有人则主张可以把这两件事合

并起来，在签订和平协议的同时，宣布结束敌对状态。还有是否要先对两岸政治关系给予定位，然后才能确定由谁与谁签订和平协议？如果要先定位两岸政治关系，是否先要明确"中华民国"的定位？

有人主张：先结束敌对状态，然后建立互信，包括政治互信、"外交"互信、军事互信、经济互信、社会治安互信、环保互信、文化互信以及政治领导人的品德互信，在这个基础上才能签署和平协议。这一切都是难题，讨论起来会有很多争议。

尽管现在双方都认为应当"先经济后政治"，循序渐进。但政治议题是否要等到经济议题全部商谈完了以后才开始谈？如果一轨、二轨还不便谈，是否可以先从民间轨道开始谈？

据说，国民党内已经成立一个"两岸政治定位论述小组"，开展内部讨论，这是未雨绸缪的积极态度，值得欢迎。我想，大陆方面可能也会成立相应的组织。如果双方能够进行交流，尽管会有许多争议，但却可以提供两岸协商的预案，对问题的解决一定有所帮助。

国共平台与"以党制马"

马英九上台以后，出现"淡化"国共平台的声音，并且有"两会"是一轨，国共平台只是二轨的说法。这与大陆的看法有相当距离，大陆认为执政党之间的平台应当是最重要的，而台湾的说法似乎降低了国共平台的地位与重要性。

台湾学者力图向我们解释其中的道理，但估计很多是个人的看法，并非都是"标准答案"。

有人说，马英九确实认为"国共论坛"走得太快，其实目前还只能从事经济、事务方面的协商。而且即使是经济议题，如果只是通过国共平台的协商，可能有人会"图利"自己，影响不好。因此，马英九认为两岸关系的"发动权"应当归于

"总统"，而不是归于政党。

有人说，过去在野时，国共平台确实重要，两党高层会面，有利于建立互信。大陆也最信任国共平台，但从台湾来说，这个平台没有权力。现在国民党成为执政党，继续以国共平台为主，民进党就会强烈反弹，因此，两会才是正常的交流管道。

有人说，国共平台是重要的，但在台湾有与当局的协调问题。马英九是"法律人"，他尊重一轨、二轨的不同角色，不会造成"政党先行，'政府'跟进"的情形。他也尊重专业的意见，学者间的沟通、对话都会增强，但不会取代一轨、二轨的功能。目前政治对话不能走得太快，否则对马英九不利。

看来有两点是明确的：第一，国共平台没有公权力，不能取代两会；第二，马英九要自己主导大陆政策。

这时，民进党正在制造这样的舆论："共产党的黑手直接伸入国民党，国共平台要主导两岸政策。"香港也传出"以党制马"说："抬高国民党，管住马英九，是北京当前对台策略。"目标都对准"国共平台"。

这就涉及国民党执政以后如何处理党政关系的问题。马英九早就声称不会走"以党领政"的老路，还曾经有"党政分离"、"党政分际"的说法，显然不会让国民党取代"政府"的地位。从国民党来说，他们知道自己的"分量"，表白"国共平台只是辅助沟通的角色"，只能谈"愿景"、"方向"、"理念"，不能签订任何涉及公权力的协议。

从共产党来说，绝对没有"以党制马"的策略，也找不到任何事实依据。大陆绝对不会把今天的国民党等同于过去的国民党，也不会把台湾的政治体制等同于大陆的政治体制，绝不可能要用国民党来"管"马英九、来分化国民党，这对大陆、对两岸关系没有任何好处。

大陆的态度很明确，我们希望继续发挥国共平台的作用，

以利于增进共识，建立互信，这只会对两岸关系和平发展有利，而没有以国共平台取代两会的企图。因此，"以党制马"说只是一个毫无事实依据的臆想，应当"到此为止"了。

国际规范可以"创意解决"

2009 年 4 月，我们举办了一个小型研讨会，题目是"台湾参与国际组织活动与两岸关系发展"。台湾有王高成、刘复国、甘逸骅、江启臣等学者参加，他们都是研究国际战略、国际关系方面的专家，有的还参与台湾对外事务以及国际组织的具体运作，因此我们有可能共同探讨某些实质性的问题。

在谈到台湾参加 WHA 问题时，他们指出，这对大陆来说是小事，对台湾来说则是涉及战略的大事。台湾内部对于这一点有很高的期待，如果能够顺利通过，两岸关系就会好转，如果毫无进展，就会对大陆失望。现在大陆的领导人已经表明积极的态度，但外交与国防部门似乎还没有什么变化，令人担忧。有的指出，参加 WHA 涉及国际组织的规范问题，但这是可以通过创意来解决的。例如，作为卫生实体，应当是可以讨论的。他们还指出，APEC 原来要"国家"才能参加，后来改为"经济体"，两岸同意，APEC 也同意。这说明只要两岸同意，国际组织是愿意考虑的。又说，国际法的规范是强权定的，如果两岸有创意、有共识，他们也不能不加以思考。这确实是一个"创意"，但据我所知，修改章程是很难的事，涉及所有的组织成员，绝不是由两岸说了算，但将来两岸协商时，还是可以提出某种"创意"，并探讨其可行性。

他们还指出，台湾对参与国际组织也有所期待，希望大陆能够务实地对待，在身份、地位、名称方面应当尊重台湾，要有对等的地位，不要歧视。台湾不想用主权国家的名义参加国际组织，但与经济有关的国际组织，如国际货币基金组织、世界银行、国际民航组织、国际海事组织等等专业性组织，希望能够

走近两岸

以适当身份参加。他们还提出 FTA 问题，认为在 WTO 框架下进行衔接，大陆应当是可以接受的。他们也希望参加东盟 10 + N，认为只要两岸同意，相信东盟也愿意考虑。

此外，他们还提出所谓"非完全参与"和"渐进地改善"的问题。所谓"非完全参与"，指的是以下这些情况：台湾虽是 APEC 的成员，但 APEC 的高阶会议（部长级）不能在台湾举行，台湾的"元首"不能参加会议。又如，有些组织，台湾先参加，大陆参加时就要台湾改变名称。所谓"渐进地改善"，是指台湾在国际组织中有许多不同的名称，是否可以一致起来？是否可以形成"整个中国参与国际"，分别用"台北中国"与"北京中国"名义参加？他们认为这就需要大陆树立"互不否认"的新思维，和谐世界不能排除台湾。

2000 年王高成、刘复国、江启臣、甘逸骅教授访问厦门市台湾学会

我们对于上述意见做了回应，指出，我们了解台湾同胞对参与国际活动问题的感受，愿意共同协商解决这个问题。我们对于台湾方面提出的意见，以及各种"单子"，都逐个地进行研究。我们认为台湾参与国际组织有现实的需要，台湾参与国际组织不必然造成"两个中国"、"一中一台"，关键在于如何参与，这就需要两岸协商解决。台湾也应当明确参与国际组织的意图，解除大陆的疑虑。

台湾一位教授坦诚地说，不可否认，台湾是有政治动机的，就是要证明是一个主权国家。他说：有些人只要实质参与，不要名分；另一些人则以争取名分为优先。而大陆可能同意实质参与，但有一个"鸟笼"的框架，即不造成"两个中国"。他们也认为解决这一问题需要两岸协商，但在目前的大环境下，台湾方面要来谈判还有困难。如何把握当前的"机会之窗"，需要两岸共同研讨短、中、长期的规划，循序渐进，逐步落实。

马英九为什么要兼党主席？

对于马英九兼任党主席问题，我们认为这是国民党内部的问题，并不十分重视，但是从国民党方面来看，似乎相当重视大陆对这个问题的看法。有不少来访者主动谈到这个问题。

有人告诉我们，马英九本来不想兼，党政一元既有正面意义，也有负面作用。当"总统"可以比较超然，而兼主席则要对国民党选举的成败负责，党产、财务以及其他头痛的事都要管。但是据说党内关键性人物极力推动要马兼任，现在到了不能不兼的时候了。

有人说，关键是要"立委"听他的话，党主席对"立委"有提名权，选举时可以掌握资源的分配；此外就是要主导两岸政策。现在各部会的法案压在"立法院"，拖在那里，不给予讨论，影响政策的执行。

有人则把兼任主席提到这样的高度：马兼任主席是在外部环

境稳定后的一个重大政治部署，加强内政治理。马英九直接进场操作，可以整合"立法院"与"行政院"，提高行政效率。

马英九兼任党主席后，很自然地让人们联想到国共两党领导人是否可能会面的问题。过去马英九没有主席的身份，就无法与胡总书记会面，有了主席身份，就有会面的可能。据说马不排除与胡总书记会面的可能，但有顾虑，一要符合"以台湾为主，对人民有利"，二要担心会不会引起内部反弹。因此，有人建议要在"第三国"会面，有人建议在新加坡 APEC 会议上会面。当然，他们自己也认为这只是"一厢情愿"。

他们也谈到会面的时间，最好在胡马二人任期内实现，但只要马有"总统"的身份，恐怕就难办了。

互不否认

台湾方面提出"互不否认"的主张，许多学者都来"游说"，认为现在应当从"互不否认"做起，然后走向"互相承认"，也有的认为要从"互不否认"走向"互相默认"。有人甚至认为这是"政治突破的关键"。

由于"互不否认"的说法相当含糊，许多人弄不清其真实含义，大陆也有人认为现在两岸已经是"互不否认"了，你看，国民党与共产党互不否认，国民党主席与共产党总书记互不否认，市长与市长互不否认，海基会与海协会互不否认，这不是既成的事实吗？

我认为有三个层次的"互不否认"，第一个层次是已经做到的，第二个层次将来可能做到，第三个层次则是无法做到的。

所谓第三个层次指的是台湾当局所要的"互不否认"，台湾官员明确提出："'中华民国'是'主权独立国家'，台湾与大陆虽然无法做到互相承认，至少可以做到相互不否认。""'中华民国'与中国大陆在国际社会互不否认，彼此尊重，各尽所能，将'外交'资源用于参与国际共同议题的解决。"由此可见，所谓

"互不否认"就是不否认对方是一个主权国家，不否认台湾是一个"主权独立的国家"。这就是要"互不否认""两个中国"的存在，也就否认了一个中国原则，这怎么能做得到呢？

这本来就是两岸关系中一个重大的难题，怎么可能不经过协商，单方面提出一句话就要对方接受呢？所以，我对台湾学者说，我们双方都要准备提出解决方案，将来进入政治谈判时才能共同寻求解决之道，现在这个争议应当先"搁置"起来，从长计议。

ECFA 的麻烦

从两岸准备签订"综合性经济合作协议"（CECA）开始，台湾岛内就出现不同意见的争议，包括应当"先签后审"还是"先审后签"，是否涉及主权，是否具有"政治含义"，是否需要"全民公投"等等。结果不得不由马英九亲自出面说明，并把名称改为"两岸经济合作框架协议"（ECFA）。

当时有一位台湾学者打电话问我对此有何看法。我说，胡总书记提出签订"综合性经济合作协议"，目的很明确，就是要经济合作，优势互补，互惠互利，共同发展。胡总书记还把它与"两岸经济共同发展与亚太区域经济合作机制相衔接"结合起来，其中的善意、诚意和创意，台湾有识之士都有深切的领会。所以，要签订什么内容，用什么形式，用什么名称，都要经过平等协商，只有对两岸经济发展有利，双方可以接受，才可能签订。大陆十分在意的是两岸关系和平发展，如果你们不满意，对和平发展不利，我们自己也不会签，难道还会逼着你们签吗？

这本来是一件好事，可是由于台湾当局的大意，以为只要是好事，就一定会得到民众的支持，对于内部存在的不同意见，没有进行有效的整合，也未能密集有效地与民众沟通，把签署ECFA 的必要性、迫切性以及它的好处说清楚讲明白，对于反对党提出的一些似是而非的批评，也没有进行有效的解释与反驳。

有一位国民党人对我说，ECFA 这件事是由"经济部"主导的，并不是由国民党主导。民进党发动公投只是虚张声势，不会有实质效果。原来他们是这样大意与"轻敌"，以至于这件事闹成满城风雨，民进党的"公投连署"居然达到提案的门槛。我对他们说，由于你们的大意，好事变成了坏事，明明是爱台湾，却被说成是害台湾。民进党提出 ECFA 公投，它的意义不在于结果，而在于过程。首先是给你们制造困难，现在民进党已经赢了第一局，至少有相当部分不了解 ECFA 真相的民众，对 ECFA 产生了怀疑。你们今后要做说服的工作，难度加大了，这是自讨苦吃。更严重的是他们要通过这次公投，"树立两岸重大议题由'政府'交付人民公投决定的原则"，今后两岸签订的任何议题都需要经过"公投"才行。如果是这样，你们的麻烦还在后头呢。

国际人格不完整

2010 年 1 月，我们接待了几位专门研究"国际空间"问题的台湾学者，他们具有专业的修养，并且做了具体深入的研究。我们进行了坦诚的对话。

中正大学张登及博士指出，国际空间问题是马英九的政见，现在已经有了成果，民调有所提升。县市长选举以后，马"政府"受到挫折，希望在国际空间方面有所进展。但这是两岸的政治难点，希望先在政治对话上做一些准备。我们认为这是一个值得研究的问题，我们对此也很有兴趣，愿意进行交流。

成功大学周志杰博士认为台湾的"国际人格"是不完整的，从内部主权来说，涉及是否承认"中华民国"的存在，从外部主权来说，也希望北京表达善意。在这方面要有突破，马"政府"才能立于不败之地。他认为在 WTO 中，台湾的身份与港澳不同，台湾具有"实体"的概念。这次台湾参加 WHA 是两岸的默契，需要年年审，而不是制度化，可以说是大陆的"施舍"。今后希望在 INGO（国际非政府组织）中，中国帮助台湾创设一个适

当的身份，即不是主权国家，而是一个实体。我指出，台湾参加INGO相当多，甚至比大陆还多。台湾还参加了好几个政府间国际组织，有些是大陆未曾参加的。

本院的李鹏副教授指出，你们总是开单子，开出一些国际组织要参加，并且讲了自己的理由，似乎不让你们参加就是没有道理的。张登及说，现在一揽子解决有困难，只能一个个地提出。我说，你们开了单子，你们最近推动"有意义参与"国际民航组织、联合国气候变化纲要公约，我就做研究，看看哪一个组织有可能参加。可是，你们开了单子以后，用什么办法推动呢？还是用老办法，通过15个"邦交国"提议，制造舆论，似乎要迫使大陆"照单全收"，这就不符合"活路外交"的精神了。

他们提出主权共享、主权分享问题，我认为这个主张有没有政治学上的理论依据，与法学上的法律依据，需要做进一步的研究，光是依据"主权在民"的说法，很难解决实际问题。我建议两岸学界可以针对这一课题，开展合作研究。

各种"解套"方案

尽管两岸都同意"先易后难"、"先经济后政治"，但是两岸政治学者都感到政治问题不能等，应当及早提出"解套"方案，两岸开始沟通，为将来正式谈判打下基础。

台大教授张亚中是最积极的一位，他多次提出自己的主张，在媒体上发表，并且多次来北京以及大陆各地交流，也几次前来厦门。我对他的认真态度表示敬意。台大副校长包宗和提出"一中共表"的主张以后，我立即向他索取大作的全文，他很快就把专书寄来，后来我们还有两次面谈的机会。

台湾学者提出了不少方案，例如，"一中各表，互不否认"、"整个中国（一中三宪），两岸统合"、"一中两宪，对等实体"、"一中框架，相互默认"、"一中共表，互相承认"等等，我认为这些意见都可以作为两岸学界共同讨论的议题，可以分别地逐

2006年张亚中教授来访

2009年台湾大学副校长包宗和来访

个地开展深入的讨论。我也曾对上述意见给予回应，说明两岸之间可能出现的不同看法，目的也是为进一步研究提供参考。

后来，刘国深院长在"两岸一甲子"研讨会上提出"球体理论"，得到台湾方面的重视，展开了广泛的讨论。本院博士生也参与了这个讨论。这是一个很好的现象，只有得到多方的重视和参与，才有可能集思广益，逐步形成共识，提出多数人可以接受的方案，为两岸正式的协商准备必要的条件。这项工作需要有组织地推动，首先要搜集、整理目前已经提出的各种方案，进而针对这些方案提出讨论，可以修改、补充，甚至给予推翻，也可以互相争论。在此基础上，集中若干大家比较认可的方案，重点开展讨论。

这样的工作，不能像"两岸一甲子"研讨会那样，只靠"太平洋文化基金会"一家的热情就能办起来的。两岸当局都应当给予支持与帮助，因为这是涉及两岸关系和平发展与两岸人民福祉的一件大事。

你们叫台湾不要买

2010 年 1 月美国约翰霍普金斯大学教授蓝普顿（David Lampton）、卜道维（David Brown）来访，我们就有关两岸以及中美关系等交换意见。

那天天气比较冷，我说，现在两岸关系、中美关系正如今天的天气一样，已经开始暖和，但还很冷，不时会有来自不同方向的冷空气，不小心会感冒的。最近就有从美国来的"冷空气"，你们卖军火给台湾，两岸关系、中美关系都受影响。我认为中美关系还是按照"八一七公报"办事，你们要看看是否违反了公报的承诺。他们说，美国跟踪飞弹，发现中国沿海的飞弹没有减少，对台湾形成无形的压力，他们需要军购。

走近两岸

2010 年美国霍普金斯大学蓝普顿等人来访

2010 年美国大使洪博培等来访

　　不久，美国大使以及驻广州总领事等来访，他们说，如果台湾没有受到威胁，我们就不必军售。是大陆造成了威胁，大陆应当考虑如何减少对台湾的威胁。这样的辩解是常见的。但洪大使却提出这样的说法：你们为什么不向台湾提出不要买美国的武器呢？我们觉得这个提法十分新鲜。这位"中国通"毕竟与众不同。洪博培大使还说，每次中美关系出现问题，受伤害最大的是中美两军关系。后来的发展似乎证实了这一点。

　　我们谈到美国学者葛来仪（Bonnie Glaser）最近提出两岸应当协商互信建立措施（CBMs），我对此很感兴趣，问他们的看法如何。他们说这是一件好事，但是马英九可能会很小心，因为他们考虑的是"先经

济"，从大陆来看，也有建立军事互信与签订和平协议谁先谁后的问题。

洪大使问，今后 10 年 20 年两岸关系最好的情况将是怎样？最坏的情况将是怎样？ 如果两岸和平，两岸之间的问题经过 20 年或 40 年是否会自然解决？ 我们根据自己的看法做了回答。

谈到 ECFA 问题时，我们说，下一步是 FTA 问题。他们问，FTA 应当没有什么问题吧？ 我说，按照 WTO 的规则，WTO 成员之间签订 FTA 应当是没有问题的，但是，有许多国家都表示，未与中国大陆签订 FTA 之前，不会与台湾谈。他们问什么道理，我说，作为一个经济体，大陆很大，台湾很小，各国不能不从国家利益考虑问题。美国也表示近期不可能与台湾谈 FTA 问题。我还说，问题在于再下一步，台湾还要参加"东盟 10 ＋ N"，那都是主权国家才能参加的。台湾要参加，又是一个难题。他们点头，表示看到了问题的所在。

谈到最近发生的 google 问题。我们在网上看到洪大使表示相信 google 本身可以处理这个问题，美国政府不必介入。但是，今天看到美国国务卿似乎要高调介入。洪大使说，他处在这个职务，就是要让这个问题得到妥善的处理。

走近两岸

第二篇

绿色神主牌：

民进党人印象

　　早在民进党成立之前，我就开始与几位后来成为民进党人的"党外人士"互相认识了。其中有在美国史坦福大学胡佛图书馆工作过的张富美博士，我们曾经一同参与一项有关两岸民间社会的研究课题，她曾经把刚成立不久的民进党的党旗赠送给我。还有就是陈忠信、吕秀莲、陈永兴，我与他们是在1986年7月在芝加哥大学举办的"台湾研究国际研讨会"上认识的，那时民进党还没有成立。后来，李永得（1987年《自立晚报》记者）、蔡仁坚、吕秀莲、许信良、王拓、杨嘉猷、林正杰、原来的民进党员朱高正以及施明德的前妻艾琳达、同情民进党的学者李筱峰等人先后来访，我们与"民进党县市主委访问团"

1988年王拓来访

也进行过交流。1992年我们访问台湾时，会见了邱义仁、陈芳明、陈忠信、康宁祥、王拓等人。1993年谢长廷、姚嘉文、蔡同荣、柯建铭、李庆雄、刘文庆、侯海熊等以民进党"立委"访问团的名义前来本所。此后，他们来，我们去，交往就更多了。

1992年底汪老（道涵）前来厦门，我作为第一届海协理事，向汪会长汇报赴台访问的情况，国台办副主任唐树备也在座。本所副所长范希周和我一同去。当我讲到我主动要求会见民进党的邱义仁等人时，汪老问："你们谈些什么呢？"我详细地做了汇报，告诉他，我们谈台湾社会阶级分析、工人运动的可能性，也谈马克思主义和新马克思主义。汪老问："你们为什么会谈到这些问题呢？"我说，早在民进党成立之前，在"党外运动"时期，他们这些人就在研究如何推翻国民党的统治，他们想到共产党之所以能够推翻国民党，是因为共产党学了马克思主义，所以他们也开始学习。共产党在大陆推翻国民党，民进党打算在台湾推翻国民党，本来二者应当是"同盟军"的关系，可是由于他们之间有些人主张"台独"，所以就很难与共产党交往了。我们谈到民进党在台湾有30%以上的选票，已经有6个县市长，是台湾一支重要的政治势力，研究台湾，不能不重视民进党。当时在场的后来当过厦门市台办主任的孔长才回忆说，"汪老听得很认真，有时还用笔仔细地记录。听完之后，汪老赞扬厦大台研所真正深入了解台湾情况。他说，这些情况很有价值，我们在这方面确实了解不多"。在汪老的鼓励下，我们长期关注与研究民进党，并且与不少民进党人保持联

系，现在本院的年轻学者仍然继续进行这项工作。

20多年来，我们台湾研究院（所）与民进党人有广泛的交往，从历任党主席：姚嘉文、许信良、施明德、谢长廷，代主席张俊宏，到中央党部负责人、"立委"、民进党执政时期的"陆委会"官员以及新生代精英、"六〇社"甚至"立委"助理等等，都有所接触，交流交往，甚至还有深交，当然也有争论与辩论。

政治立场不同，观点存在分歧，首先必须互相尊重，才能开展对话，只有坦诚相待，才能深入交流。我们相信通过不断的交流沟通，有助于增进了解，增进理解，增进共识，积累互信，有助于化解敌意，消除对抗情绪。尽管我们与民进党人之间，至今仍然存在很大的歧见，但是，为了两岸同胞的福祉，为了构建和平发展的两岸关系，这项工作应当有人去做，而且必须尽力做好。

现在就个人的记忆，写出以下文字，为这一段交往的历史留下一些片段的见证。

走近两岸

一、陈忠信

数学系毕业的评论家

1986 年 7 月在芝加哥大学举办的"台湾研究国际研讨会"，有几位台湾"党外人士"参加，其中有后来民进党的重要人物吕秀莲、陈忠信、陈永兴等人。陈忠信曾经因为"美丽岛事件"被判刑入狱。听说在狱中读了不少书，出来以后以笔名"杭之"发表文章，成为一位知名的评论家。这次他提交的是有关台湾反对党的论文，那时，民进党还没有成立，他实际上讲的是"党外"运动问题，这也是我当时了解甚少而相当感兴趣的课题。

会后，承蒙美国西北大学教授许文雄（即诗人许达然）的好意，带我们 3 位厦门大学学者（时任本所所长陈在正、我和一位年轻教师郑启五）去芝加哥市区观光，陈忠信也参加了。许与陈忠信是台湾东海大学的校友，陈忠信学的是数学，后来却当了党外杂志的编辑，经常发表文章，针砭时弊。在我的印象中，他当时是一位不修边幅、带有深厚文人气质的学者，那天天气很热，他穿的是短裤。到了一处要求"衣冠整洁"的场所，他竟然被挡驾在外，只好在外面等候我们，但他却不计较，让我感到过意不去。这一个下午的接触，使我们彼此都有深刻的印象。此后，我们多次交往，坦诚相待，可以互相"抱怨"，也能够互相谅解，毕竟两岸之间还是有距离的，"磨合"需要时间。

焦点对谈

1992 年我们厦门大学台湾研究所 4 位学者（我和副所长韩清海、副所长范希周、经济室主任翁成受）应台湾"中国大陆问题研究中心"与东吴大学政治研究所的邀请，第一次组团前往台湾参加学术研讨会，这是大陆研究两岸关系问题的学者第一次组团访问台湾。那时，陈忠信已经算是"老朋友"了，我就直接要求他安排与邱义仁等人的会面。那一次坦诚的交谈，增进了彼此的了解。

1993 年在香港中文大学举办"文化中国展望：理念与实际学术讨论会"，陈忠信也来了。我们经常在一起交谈。台湾记者真是无孔不入，但他们的敬业精神却令人钦佩。《中时晚报》记者林馨琴发现我和陈忠信很熟，就出了一个点子，要我们两位进行一次"焦点对谈"，而所谈的内容却由她来定。

那时正好"汪辜会谈"即将在新加坡举行，对谈就以这个问题为中心。陈忠信强调，台湾和大陆关系的发展，台湾内部要先有共识才行，主张这类会谈要受到"立法院"的监督，大陆政策应当"朝野一致"。我则指出，台湾

1994 年会见陈忠信、郭正亮

当局只要海基会谈事务性问题，不谈政治性问题，其实很多症结要经过商谈才能解开，海基会如果受到很多束缚，就很难有作为了。后来的事实表明，站在第一线而又受到"捆绑"的苦衷，是历任的海基会秘书长共同的感受。

这次"焦点对谈"确实谈到了"焦点"。一方面，民进党至今仍然主张凡是涉及两岸的问题，台湾内部都先有共识，而在现有条件下，在两岸关系的重大问题上要做到"朝野共识"几乎是不可能的。这是他们用以制衡国民党的一种手段，也是对两岸关系发展设下的一道"卡"。另一方面，十几年来，尽管台湾已经出现两次"政党轮替"，可是不论哪个党执政，都不愿意谈政治性问题，而不谈政治问题，两岸关系存在的难题也就难以"解套"。当然他们还有困难，我们可以等待。

联合执政？

1997 年台湾当局准备"修宪"，陈忠信时任民进党中央副秘书长，6 月间来访，与我们讨论相关问题。

他指出，民进党内对"修宪"的方向有激烈的争议，有人主张"双首长制"，有人主张"总统制"，这其实是美丽岛系与新潮流系主张"联合执政"，而正义连线与福利国连线则主张"单独执政"的两条路线分歧。

他说，台湾民众对民进党执政有"心理障碍"，担心会因为民进党搞"台独"而导致两岸战争。所以，他认为应当从联合执政开始，让民进党参与大陆政策与两岸事务，体现出民进党对待两岸关系的稳健作风，让台湾民众放心，也让大陆放心。他认为，明年（1998）"立委"改选将出现"三党不过半"的局面（即三个党中任何政党都无法在"立法院"中得到过半的席位），"联合内阁"可能成为现实，民进党与国民党组成联合内阁的可能性较大。

可是，在国民党执政时期并没有出现"联合执政"的局面。

2001年会见陈忠信、萧美琴（右三）

到了民进党执政时期，尽管他们在"立法院"内得不到一半的支持，是一个"少数'政府'"，2000年选举之前，陈水扁表示要筹组"联合'政府'"，可是，上台之后就不愿意让别的政党分享政治权力。我曾经指出：陈水扁上台以后，所以困难重重，病根就在"少数'政府'"上。民进党内"联合执政"的意见，陈水扁完全置之不理。

专业的选情分析

1999年5月18日晚，"陆委会"副主委吴安家请我餐叙，并且说好8点钟民进党籍"立委"陈忠信要来接我走。果然，陈忠信把我接到他在"立法院"的办公室。不久，杨开煌教授也来了。

陈忠信坦率地并且专业地向我们仔细分析明年

（2000）"大选"选情并作出预测，他不但分析谁会占优势，而且分析不同选举结果对今后台湾政局会发生什么影响。他预计这次不管是谁，都只能"低票当选"，将来台湾会出现"政治重组"的局面。看来，民进党人对于政局的发展颇有战略的眼光和长期的打算。

选举结果表明，他的预测是正确的，三组候选人得票率都很低，陈水扁、吕秀莲果然以 39.3%"低票当选"。

当时，在陈忠信的办公桌上看到一本第二天才要出版的李登辉写的《台湾的主张》，他翻阅了一下，立刻转送给我。他说，看看有没有写上名字，意思是如果写了名字就不便送人了。本来19 日一早我就要离开台湾，估计拿不到这本书了，正要托人购买，可是却意外地提前得到了。

在此之前，我去逛书店，碰巧遇到"统盟"的王津平，他刚买到了《和平七雄论》，送了一本给我。当时甚嚣尘上的"七块论"、"七雄论"究竟是什么东西，它与李登辉有什么关联，有了这两本书就可以先睹为快了。

要有所回应

2003 年 2 月，在欧亚基金会与该会董事长张京育交谈时，我说，我记得我们是 10 年前就认识的，那时你是政治大学校长。他说，是的。那时陈忠信也在场，我对张说，我与他是 1986 年认识的。张说："1986？那是古代史了。"是的，那是在两岸开放之前，从两岸学者交流的历史来说，已经是相当"古"的了。

那时是陈水扁第一任的后期，陈忠信是民进党的不分区"立委"，实际上参与民进党的"中国事务"，他当然要站在民进党的立场上讲话。他说，未来 10 个月，希望两岸各自讲些好听的话，走一步算一步，两岸关系会有"小碎步"的进展。他认为我们对陈水扁的态度是"留校察看"：听其言，观其行，而从不正面回应。他说：陈水扁的态度是两岸要沟通、商谈，你们如果愿意，

可以进行，如果不愿意，我们就搞选举。陈水扁的讲话，你们要有所回应，"否则你要让他怎么做"？他说要回乡祭祖，你们要给他机会。

2007年5月我参加政治大学的一个研讨会，那时萧万长还没有决定参选"副总统"，他邀请我餐叙，而陈忠信则安排在餐后请我喝咖啡。他当时担任"国安会"副秘书长，老朋友相见，就互相"抱怨"。

他说：他一贯努力改善两岸关系，可是我们却不予理会，让他感到悲观。他还说："你们始终不给陈水扁机会。"我问是什么意思？他说："陈水扁的'四不一没有'，是顶住内部压力提出的，你们不给予肯定；陈水扁能够接受'在九二香港会谈所获得的成果的基础上'，已经很不容易了，你们也没有回应；我们提出'和平发展纲领'，这是邓小平说过的，你们也置之不理。陈水扁被你们孤立了。"

我说明了自己的看法，并且针锋相对地指出：你们是在推动"法理台独"的情况下提出"和平发展纲领"的，我当即十分明白你们的意图，目的是取代"国家统一纲领"，去除"统一"的选项，我们怎么可能给予肯定呢？

谈到2008年大选时，我说，2000年、2004年你们以全党的力量为陈水扁助选，现在只有谢系及其他一些力量在选举，其余派系似乎不会帮助谢长廷，他是孤军奋战，选得一定很辛苦。陈忠信回答说："（全党）还是会（支持谢）的啦"，从语气看来，似乎相当勉强。他还说，谢长廷是"现实主义者"，如果他当选，在两岸关系上会有所作为。

陈忠信长期负责民进党的大陆事务，他和我们以及大陆对台部门的来往最为频繁，交谈的机会最多。他是民进党内最用心研究大陆、最了解大陆、最愿意与大陆沟通的一位高层人士。他与大陆方面就一个中国原则、"台独"党纲以及两岸的重大分歧，都有过深入的讨论。作为站在两岸关系第一线的人，面对两岸僵局，自然有他自己独特的感受。

二、吕秀莲

殖民社会

1986 年 7 月在芝加哥大学举办"台湾研究国际研讨会"。我在会上宣读《清代台湾分类械斗的若干问题》。这是一篇纯粹的历史学学术论文，可是马上有一位女士从政治角度提问："你说清代台湾是移民社会，为什么却变成殖民社会呢？"主持人邱延亮立即指出殖民社会有两种解释，一个是由移殖民众形成的社会，一是外国殖民地。我当时还不知道提问者就是鼎鼎大名的吕秀莲，我的回答不针对她，而针对所谓"台独"大佬史明，因为这是史明的观点。

当时给我答辩的时间只有 5 分钟。我说，所谓"殖民地"不外是指：第一，台湾的米都运到福建去；第二，台湾人不能在台湾当官，当官的都是外省人。我首先表示感谢台湾，因为我小时候就吃过不少台湾米。历史上福建缺粮，需要向台湾购买，而台湾的许多日用必需品要福建供应，这是正常的物资交流，不是殖民掠夺。历史上有记载，当福建丰收时，台湾的米卖不出去，也就没有钱向大陆采购必需品，连房屋都没钱建造，以致"一切兴作皆罢"，这就是所谓"熟荒"。再说，在清代确实都是外省人去台湾当官，其实这是清代的"回避制度"，各省都一样，福建人也不能在福建当官，这并不是特别歧视台湾。第二天《美洲华侨日报》报道了我的答辩。

会后，我才和吕秀莲交换名片。当时她在哈佛大学当访问学

者，名片上用的是英文名字：Hsiu-Lien Annette Lu，我当即在上面用中文写了"吕秀莲"三个字，保留至今。

要土地还是要人民？

吕秀莲问："你们中共是要台湾这块土地，还是要台湾人民？"

当时，我认为她是恶意攻击，说我们不要人民，而且台湾人民不愿被我们统一。后来想想，这确是一个关键问题。

我们一向强调"台湾是中国领土"，而对台湾人民则重视不够，特别对台湾人民的想法没有深入的了解。在 80 年代，有人还作出这样的判断：台湾人民有 70% 以上主张统一。因此，当发现统一存在阻力时，就会产生急躁情绪，于是"长痛不如短痛"，"和平统一不如武力统一"之类反对"和平统一"方针的论调就会甚嚣尘上。后来有人喊出："给我狠狠地打，打烂了，再重建"，"宁可台湾不长草，誓死也要台湾岛"。福州有一位老台胞给我打电话说："你们为什么对台湾人这么狠啦，草都不长了，人呢？ 人不是全死光了吗？"

吕秀莲的话引起我的思考：我们对"土地"与"人民"的关系应当怎样对待、怎样处理？ 当时还没有"以人为本"的观念，更没有把这一观点落实到台湾的说法。现在政策明确了，但是否大家都能清楚地认识这二者的关系，还很难说。

信赖感

1988 年 6 月由香港大学亚洲研究中心与美国亚洲学会台湾研究委员会联合举办的"台湾经济、历史、文学与文化国际研讨会"在香港大学召开。吕秀莲也来参加，她主动要我约请几位大陆学者与她对话。我说："没想到你会主动找我们谈。"她问是什么原因，我说，两年前在芝加哥你似乎对我们有些"敌意"。她说，观点不同，沟通一下会有好处。我立即答应，并且请与会的大陆学者都来参加。在日本的台湾学者刘进庆教授也参加了。那次会议给我安排一个大房间，有个客厅有 20 多个座位。她与我们谈了大约 2 个小时。那时两岸交流刚刚开始，双方有许多不了解、不适应，但都能开门见山地把问题摆出来，有争议，有解释，刘进庆还充当了"调解"的角色。

吕秀莲说："老实说，我对你们中共没有信赖感。"我问是什么道理，她说："你们搞文化大革命，连全中国最大的人物、国家主席都没有生命保障。如果我们与你们统一，台湾人就会像蚂蚁一样，任凭你们踩死。"她还用脚在地板上做出了踩踏的动作。

1990 年吕秀莲访问厦大台研所

当时我以为吕秀莲有意寻找我们的问题，为"台独"辩护。后来我与台湾的"大统派"、坚决反对"台独"的王晓波教授交谈时，他说了这样一段话："二二八事件"后，台湾同胞对"白色祖国"（指国民党）失去希望，转而期待"红色祖国"（共产党）。可是"文化大革命"后，他们对"红色祖国"也失望了。怎么办？只好靠自己。"台独"的形成有它的历史背景。再往后，看到李远哲谈到大跃进、"文化大革命"时指出：很多台湾人都问，如果统一"难道我们也愿意走这么一段路吗"？这才使我深刻地认识到"文化大革命"在台湾同胞心中已经留下了深深的烙印，"文化大革命"对两岸关系的影响千万不能低估。

临走的时候吕秀莲对我说："陈教授，你要相信，'独立'的台湾将是中国最好的朋友。"没想到 6 年以后，号称"台独理论大师"的林浊水也对我说出类似的话："台湾'独立'以后，可以与中共建立最友好的合作关系"，"台湾在联合国有一票可以支持你们"。看来他们极力谋求推动"台独"，而且还企图说服我们。

饮水思源

1990 年吕秀莲回到福建南靖县书洋乡寻根，特地喝了从井里提上的水，表示饮水思源。事后，她来厦门，以"台湾民主人同盟"理事长的名义，访问厦门大学台湾研究所。当时我担任所长，请了所里几位同仁与她交谈。我们谈了不少有关台湾在野人士的话题。她还说，这次回到原乡，看到台湾与大陆有很多相似的地方。大家轻松地交谈，没有什么"交锋"。她回台湾以后，还把她与我们合影的照片寄赠给我，上面写着："陈所长留念，吕秀莲。"1991 年元旦，她给我们寄来贺卡写道："台湾研究所陈所长暨全体同仁：祝你们的 1991 年丰收，美好。吕秀莲贺。"

那年 2 月，《自立早报》报道我对民进党的看法，说我认为现在还不应把民进党视为"台独党"，但民进党有可能变为"台独党"，因此主张大陆应当与民进党进行沟通，增进互相了解。为此该报特地采访了吕秀莲，要她谈谈对我的印象。她回忆道，她曾经在芝加哥、香港的研讨会上与我一起讨论台湾问题，"也曾在去年访问大陆时到厦大拜访过他"。她还称许我的"学者风范"，说我是"一个有人性、有良心的学者"、"一个很诚恳研究台湾反对运动和'台独'问题的台湾史专家"。

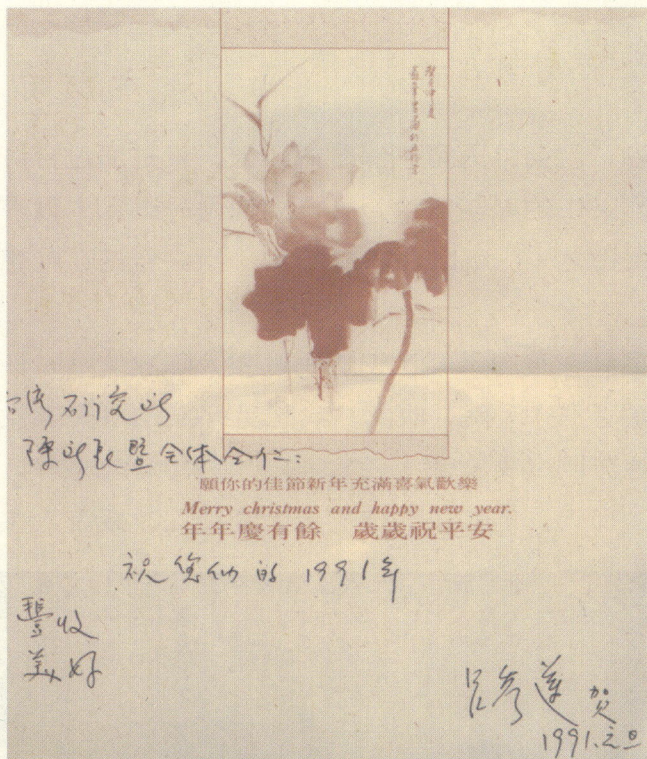

1991 年元旦吕秀莲赠送的贺卡

三、邱义仁

紫藤庐的茶叙

有些人未曾接触，就会给人留下深刻的印象。我是通过台湾媒体的报道，看到邱义仁的一些言论，就认定他是民进党内最有思想、最有才干的人物之一。所以，1992 年第一次去台湾，就想找他谈。

到台湾不久就见到在美国已经认识的民进党人陈忠信（时任民进党政策研究中心主任），我对他说，我想见邱义仁（民进党中央副秘书长）和陈芳明（文宣部主任）。陈忠信果然作出安排，约定在紫藤庐见面。那天，他们还约请了台大夏铸九教授等人参加。大家坐在榻榻米上，一边品茶，一边轻松地交谈。

他们知道我们正在研究他们，而他们也希望了解我们的观点，所以，一见面就开门见山地谈起来了。

1992 年会见邱义仁，左一为台大夏铸九教授

我们问，民进党的阶级基础是什么？他们做了回答，并且讨论台湾各阶级状况，中小企业与"蓝领"、工人运动、"福利国"政策，以及民进党如何面对未来的选举等等。

邱义仁说，民进党现在有 30% 的选票，如果能够得到 35%～40%，就是大胜。国民党现在只剩下 60% 的票已经够倒霉了。他务实地估计："在短期内，民进党大不起来，国民党也小不了。"但国民党有地方势力和"金牛"，这会造成内部冲突，他们要整合派系也很困难，派系之间几乎是你死我活的。

陈忠信说，北京以为国共坐下来谈，两岸关系就会解决，其实国民党没有这个力量，国民党内对大陆的看法也不一致。陈芳明干脆说，"国民党实际上是大'台独'"，他还预言 2004 年可能出现"民进党执政、国民党主控'立法院'"的局面，那时中共就要与民进党接触。

这是一次坦率的交谈，当时相约：希望将来互相访问，继续沟通。

"历史性的突破"

1998 年 7 月间，我们邀请民进党秘书长邱义仁前来厦门，参加本所主办的"21世纪亚太经济发展与两岸关系研讨会"，引起台湾各界的极大重视。有一家杂志报道说，"具有台湾 40% 选票、最大反对党的秘书长身份"前往大陆，不论是台湾或是大陆都相当关注；有的报纸还说，邱义仁是"50年来台湾各主要政党中在任最高党职到大陆的第一人"，认为这是"历史性的突破"。

在动身之前，民进党内曾经引起争议，有人警告他"小心被统战"，甚至有人认为这次是让邱义仁"先去当炮灰"，后来还是新当选的民进党主席林义雄要他"快去快回，谨言慎行"，邱义仁才能成行，不过也只到厦门为止，不再北上了。

与邱义仁一同来的民进党人有：陈忠信、林忠正（"立委"）、郭正亮（政策会执行长）、刘进兴（"立委"）、赖劲麟（"国代"）等人。

邱义仁回台北后，立即举行记者会，他指出："目前的美、中、台关系已往中共倾斜，如果台湾的回应只是拒绝两岸往来，只是说'不要'，对台湾不利，台湾将成为'麻烦制造者'，因此台湾必须与大陆多接触、了解。"他还认为，在两岸关系上"民进党不该再扮黑脸"。

1998年邱义仁来厦门参加研讨会

台湾报纸指出：这是民进党新潮流系首次对李登辉主导的两岸现状表示异议，认为民进党应当有所作为。难怪有人说邱义仁参加学术会议，而在记者会上谈论的都是政治问题。

政治对话

说起邀请邱义仁，实际上是多年以前的事了。我们早就表示想邀请他，他也表示要邀请我们。1994 年他给我和范希周副所长寄来民进党专用的贺年卡，其中还有这样的字句："期待继续与您相伴，走向公义与和平的理想的彼岸。" 1994 年 3 月我给邱义仁、陈忠信发出的 e-mail 写道："传真函敬悉。现将具体计划奉告如下：主题：台商投资与两岸经贸关系。日期：七月十八至二十日。地点：厦门大学。论文：大陆、台湾学者各 2～3 篇。邀请台湾学者 5～8 位与会。在厦期间食宿费用由厦门大学负担。"这次研讨会结果没有开成。如此往返几次，由于各种原因，不是他们不方便，就是我们不方便，或是"大气候"不合适，而一直没有办到。

后来，范希周接替我担任所长，他与邱义仁、陈忠信年龄相近，互相尊重，坦诚相待，交往更为热络，交谈更加深入。经过 4 年的时间，本所与民进党人的研讨会终于办成了。

邱义仁自己写了论文——《面对挑战，迎向 21 世纪两岸经贸新局》，陈忠信写了《亚太经济新局与两岸经贸关系前景》，他们一共带来 6 篇论文，大陆学者也写了 13 篇论文。作为一次小型的研讨会，准备得还算比较充分。

见面时，邱义仁带了一本《台湾回想》图片集送给我，对于几经挫折终于开成这次会议，彼此都感到相当欣慰。

邱义仁来访之所以能够成行，除了需要经过民进党高层同意以外，从大陆来说，当然也要经过高层的批准。实际上北京对此十分重视，特地派人前来关怀。事先，我们商定只谈经济，不谈政治，免得引起麻烦。有 6 位民进党高层"党工"和"民代"与

会，确实不是一件小事，双方都认为应当慎重对待。在整个会议过程中，彼此相当配合，没有出现任何问题，而实际上双方的政治观点却已经有相当程度的表达了。

在会后小结时，我认为，邱义仁谈的虽然都是经济问题，但却说出了他的政治观点。他认为金融风暴以后，台湾对大陆投资将不再增加，资金将转向东南亚；又说，两岸都要扩大内需，经贸将从互补关系进入竞争关系。这实际上是他们反对许信良的"大胆西进"，而主张"强本渐进"的依据。他强调两岸经贸竞争要在国际经贸架构下解决，则反映了他们对两岸关系定位的主张。我们提出不同的观点，说的也是经济问题，同时也表达了政治观点，实际上双方进行了一次政治对话。

会后，邱义仁等人还兴致勃勃地游览了鼓浪屿与海沧大桥。在船上，邱义仁让我们的同事为他拍照，背景中有中华人民共和国的国旗。有人问他对此是否在意，他说："没有关系。"实际上，他们早已十分明确地表达"中华人民共和国政府是代表中国的唯一合法政府"，这一句与我们完全一样，但他们在后面还加上一句"不包括台湾"，这就是双方立场的原则差别。

在厦门市台办的晚宴上，他们与一位市委副书记互相干杯，据报道，邱义仁有些"不胜酒力，喝得满脸通红"。第二天，他们前往泉州参观海外交通博物馆、开元寺与伊斯兰教墓园。回到台湾以后，立即在民进党中央党部召开记者会，"做到行程公开及透明"。当时媒体预料："民进党将更务实地面对两岸关系。"这当然是一个很好的期待，我们也感到欣慰。

面对对手

2001年8月我们访问台湾时，广泛接触各界人士，就民进党人来说，先后见过颜建发、颜万进、林浊水、陈大钧、谢长廷、沈富雄、施明德，最后与邱义仁、吴乃仁、陈忠信交谈。

我们开门见山地就台湾政治与两岸关系以及他们如何面对

"两个对手"的敏感问题展开对话。

我们说，你们执政以后，经济情况不好，民众有怨言，你们没有听见有人骂你们吗？邱说：骂归骂，爱归爱。从民调看，民进党的支持率还是最高的。

我们问，你们的主要对手是谁？是国民党，还是宋楚瑜？邱说：过去以为宋是"大内高手"，老谋深算，后来感到不见得。"兴票案"给他重大打击，看来处理能力很差。选后要不要组党，犹豫了很久，显得优柔寡断。建立在野联盟，结果被连战通吃，宋楚瑜吃亏了，亲民党实力下跌，在"立法院"里成了老三，如果与国民党决裂，对他也不利。从这些事例看出，宋也不太高明。不过宋作为幕僚，行政能力还是很强的。

听他们的口气，似乎民进党已经不把宋楚瑜看成是主要对手了。我们问，国民党方面的对手是谁？他们说出"马立强"（马英九、朱立伦、胡志强）。这说明从那时起，他们已经开始"瞄准"并准备对付这几位对手了。

从两岸关系来看，他们是怎样面对大陆这个对手的？邱说：我们多少对大陆有善意，对两岸关系会慢慢推动。你们不相信陈水扁，不要紧，你要看我们的具体政策，我们在一点一点地推动，开放的方向不会变。这次经发会很顺利，阻力不大，得出"共识决"，是一个不算小的调整。总的来看两岸关系没有太严重，务实地做一些事，坚持一个中国原则，短期内处理不了，如果一定要"九二共识"，双方就会吵架，也不会有结果。

我感觉到他们共同表达了一个意思："我们不会要求你们做你们做不到的事，你们也不能要求我们做我们做不到的事"，而中心的意思则是他们不能接受"一个中国"。

新潮流与两次"大选"

"新潮流系"是民进党中最强大的派系，而邱义仁和吴乃仁则是该系的领军人物。

2000 年大选时，由邱义仁担任民进党"选战指挥中心执行总干事"。在他主导下提出"陈（水扁）七项"，声称不宣布"台独"、不变更"国号"、"两国论"不"入宪"等等，制造陈水扁有意摆脱"台独"党纲的形象，使得陈水扁的支持度有所提高。在处理"兴票案"时，邱义仁主张不参与"打宋（楚瑜）"而"全力打连（战）"，以免宋的票归入连的手中，结果使陈水扁成为最大的获利者。新潮流系全力辅选，为陈水扁的当选立下汗马功劳。

2004 年大选时，邱义仁是 5 个"竞选委员"之一，而且"负责实际操盘"，吴乃仁则辞去"台糖"董事长，担任选举文宣总负责人。新潮流系许多骨干都投入选战，为保住民进党的执政地位出力。

民进党执政以后，吴乃仁曾经担任民进党秘书长，邱义仁则先后担任"行政院"秘书长、"国安会"秘书长、"总统府"秘书长以及"行政院"副院长等职务。新潮流系一些成员也曾担任某些职务，以致党内其他派系因新潮流系"当官的比例大"而感到不满，甚至把他们称为"红卫兵"、"癌细胞"，使他们陷入"人人喊打"的困境。陈水扁也把新潮流系看成是"绊脚石"，对它"用完即弃"，并扶植自己的"嫡系人马"与之抗衡。

邱义仁在民进党内是一位"头号军师"，民进党中有人认为党的高层实际上是由邱义仁在操控。一位"统派"大将对于这位对手有这样的评价："诚恳、理性、思维缜密。"可是，"屁股决定脑袋"，"权力使人腐化"，邱义仁当官以后，似乎也无法摆脱这些魔咒。后来落得锒铛入狱，官司缠身，当初他可曾想到竟然陷入这样的地步吗？

四、谢长廷

"不公平"的见面

1993 年 7 月，以谢长廷为首的几位民进党的"立委"来我们台湾研究所访问。我在门前迎接，见到他们时，我一个个地叫出他们的名字：谢长廷、姚嘉文、蔡同荣、李庆雄，轮到刘文庆时，他估计我不会认识他，我说，我见过你，他问："在台北？"我用闽南话说："在台中。19 号选 9 号，你记得吗？"他才醒悟过来。原来他竞选"立委"时，在台中一所学校的体育馆里举办政见会，那天我正好在台中，一位朋友拉我去看热闹。会上，有些人替他"造势"，他们讲的话，我多数记不得了，唯独有人提出一个口号——"19 号选 9 号"，却令人难忘。因为 1992 年决定 12 月 19 日选举，而刘文庆的候选人编号则是 9 号。台湾经过了多次选举活动，人们学会了不少"文宣"的手段，有的效果确实不错。蔡同荣看到这种情形，似乎有些愤愤不平，他说："太不公平了，他们都认识我们，我们却不认识他们。"

那天他们问了很多问题，例如，大陆决策层对台湾情况是否深入了解；"一国两制"是否会有改变；台湾如公投自决、要求加入联合国，大陆是否会改变立场；时间拖长对大陆是否有利，台商投资大陆对台湾有利吗，对统一有利吗；大陆根据什么资料研判民进党是"台独党"；等等。

我发现，民进党人对大陆确实了解太少了。这也难怪，他们忙于同国民党争夺政权，而两岸关系实际上还没有提到他们的议事日程。

　　我对谢长廷提出的"一国两制"问题做了解释，指出，当年邓小平是尊重台湾民意而提出这样的构想：当他得知台湾民众对于台湾现有的政治制度、经济制度比较满意的时候，他说，那么就让台湾保留现有的制度好了，不必要求台湾的制度和我们一样。谢听了以后显得颇感兴趣。

　　蔡同荣号称"蔡公投"，他最关心的是"公民投票"，他问：如果台湾经过公民投票，主张进入联合国，中共会不会改变原有的立场？如果经过公民投票，主张台湾"独立"，中共会不会打？范希周副所长向他说明我方的原则立场，并且问他，"如果"投票的结果同他的愿望不一样，他将会怎么样？

　　他们也向我们介绍了他们的看法。姚嘉文强调从历史上看，"台湾不属于中国"。蔡同荣则强调"台湾是具有国家主权的主体"。他们还谈到台湾的政局，认为林洋港是"过气"的人物，有人推出林，是为了对付李登辉，可是林和"总统"绝对没有缘分。他们估计陈履安不会和林洋港搭档，也估计李登辉不会参选。因为他们认为从"保持人格"的角度来看，李绝不会这样做。看来他们对李登辉还有那么一层"情结"，而没想到在李的面前，"人格"并不是决定因素，李登辉说过不选，结果还是选了。

　　接待部门给我们的时间很短，可是我们和他们一样，一谈开来，就有说不完的话，而预定的时间早已超过了。有关部门已经为他们备好酒席，正催着他们赴宴。他

1993 年谢长廷、姚嘉文、蔡同荣、柯建铭等人访问厦大台研所

们还不肯走，有人主张谢绝原定的宴请，而由他们自己来请我们。我们因为事先没有准备，一再婉言谢绝，可是他们非拉着我们不可，盛意难却，我们只好从命。

在共进晚餐时，大家继续谈了很多。他们认为我们是相当了解台湾、了解民进党的。李庆雄对我说，蔡同荣就爱纠缠。我说，没有关系，不管什么问题，我们都可以交换意见。

从他们的来访，可以看出，在"汪辜会谈"以后，民进党已经开始重视与大陆的关系。谢长廷表示，民进党正在加强对大陆的研究，大陆政策可能调整。有人告诉我，他们想来大陆考察应当是一种进步的表现。不过，他们毕竟对我们带有成见，要和他们沟通并不容易。

我向他们赠送了本所的一些著作。1995 年谢长廷出版《谢长廷文化教室》一书，当即寄一本送给我，亲笔写上："敬请孔立先生指正 谢长廷95.9.5。"

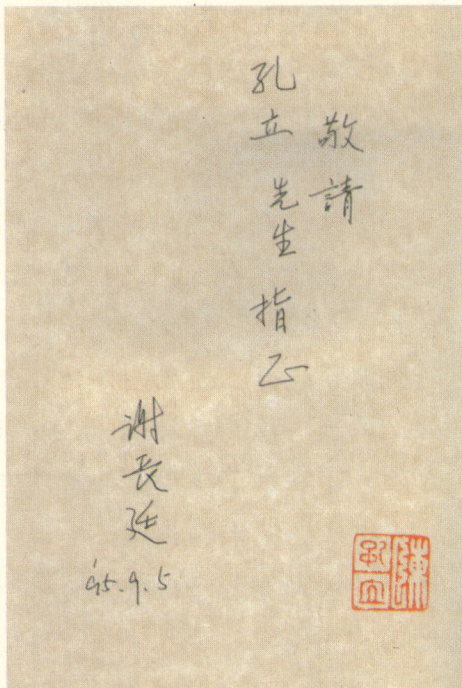

高雄—厦门城市交流

2000 年谢长廷担任高雄市长期间，曾经提出高雄与厦门开展城市交流的主张，并且准备前来厦门访问。3 月间，他就表示，高雄与厦门互动频繁，加强交流有利于互相了解与合作，他要本着"接触比放话好，了解比误解好，善意比战争好"的理念，推动城市交流。

6 月，他以高雄市长的名义，邀请厦门市长朱亚衍访问高雄。

7月2日他收到朱市长的传真，朱已经注意到谢7月1日"有关两岸关系及贵我市关系定位的表达"，邀请谢长廷访问厦门。所谓"两市定位"，就是指谢长廷所说的：依两岸相关法律及其法源"厦门市与高雄市属于同一国家领土之规定，仍未改变"。

有人透露了这一消息，引起双方的麻烦，也引起台湾各界的极大震动。有人认为这是两岸交流的一大突破，有人认为谢长廷"有担当"，有人则担心"被统战"、"被矮化"。谢长廷一再强调"此行不涉及主权及高度政治争议"。可是陈水扁当局却以"与现行法令不符"为由，不予批准。本来在他们的访问计划中，还安排了与我们台湾研究所座谈的项目，让我感到欣慰，可惜这次访问未能实现。

我为此写过三篇时评，分析谢长廷想与厦门交流的原因、来访的可能性、困难与阻力以及双方如何面对等等。我指出："凡是为改善两岸关系作了努力的各界人士，两岸人民一定会欢迎和支持他们的。""对于台湾任何愿意为减低两岸关系紧张的人士，中共都会予以肯定。""谢长廷要来，确实对厦门有交流的意愿，他也想在两岸关系上有所作为，这都是我们所欢迎的。"

希望得到回应

2001年8月我们去高雄市政府访问谢长廷，当时他是高雄市长兼民进党主席。

我问：你提出要与厦门市开展城市交流，这个主意很好，当初为什么会有这样的考虑？

谢说：目前两岸要坐下来谈政治问题，还做不到，需要时间，可以先放着，彼此不要加压，先从各方面的交流做起。城市交流可以做，互相讨论，做好每一件事，问题的解决就在其中了。我提出"境外特区"，对高雄、厦门都有好处，可是被党内批判，但得到学者的认同。

我说：你主动表示要来厦门市访问，我们立即表示欢迎，可是未能实现，我们都感到遗憾。不过，据我看，你们并不把厦门看在眼里，因为厦门港口集装箱吞吐量很小（当年只有130万标箱，而高雄港则近800万标箱），你们看中的是"广（州）、大（连）、上（海）、青（岛）、天（津）"。

他说：不。目前高雄港很困难，而厦门港也需要发展，如果厦门港与高雄港先通起来，双方都活了。

他强调善意是双方的，台湾如果表示了善意，大陆要有回应，就会促进关系的改善，台湾就会更开放，更积极。否则人家会说表达善意的人是一厢情愿，并且容易被政治化。积极交流的人应当受到鼓励。现在两岸在政治上不能谈判，台湾一直感到"很挫折"。在这种情况下，另一股力量就会壮大，对于表现积极的人不利。

他派市政府官员以及他的亲信、同学和"金主"陪同我们，与我们建立了交往的关系，后来双方一直保持联系与往来。2004年我出版《观察台湾》一书（其中多处涉及他），曾托他的亲信转交给他。同年，谢长廷出版《日出南方》一书，也寄给我，并亲笔写上："敬请孔立先生指正 谢长廷敬赠2004，4，20"。2008年当他参与"大选"时，他的幕僚们还把《幸福台湾，幸福经济——谢长廷不变的承诺》、《逆中求胜——谢长廷的生命哲学》等书寄赠给我。

2005年在他担任"行政院长"期间，曾经发表过这样一些言论："大陆最近表明大陆与台湾都是中国的一部分，这个说法比以前柔软许多"；"春节两岸民航包机，及大陆派代表来台参加辜老的追悼会，也都是善意的表现"；"要化解困境，寻求突破，台湾只能选择直接与大陆对话"；"'一中'为'中华民国'宪法不可切割的元素，不可能当'行政院长'不承认宪法"；等等。当他提出希望大陆同意台湾飞机飞越大陆空域时，国台办便立即给予善意的回应。

五、施明德、姚嘉文、许信良、张俊宏

不撤飞弹就不去大陆

在认识施明德之前，我们已经认识了他的前妻艾琳达（LINDA ARRIGO）。她是 1986 年底就来我们研究所访问的。之前，她与尚未解除通缉的许信良一同从美国经东京企图"闯关"，进入台湾，到了桃园机场，民进党发动上千人前往迎接，可是当局没收了许的护照，不准其入境。于是艾琳达决定前来大陆，来到厦门就要求与本所研究人员座谈。

那天我们谈到台湾党外运动、民进党、海外台湾人社团等方面的情况与问题。她完全是站在"台独"的立场上讲话，是一个地地道道的"台独"支持者。她还向我们转达在监牢中的施明德"向中共的传话"：希望放弃对台湾使用武力，希望尊重台湾人民的意愿。

在施明德担任民进党主席时，我们没有机会相见，直到 2001 年才第一次会面。那时他还是"立委"，但已经退出民进党。一见面，他就说：现在陈水扁"政府"不知道要带人民往何处去。现在台湾是"白金体制"，满足大财团的利益。陈水扁讲的都是"短线"的话，可以编成一本"人话鬼话集"。他主张，台湾要走向国际化，两岸问题才能解决。

他说，他过去主张"大和解"、"民进党执政不会宣告'台独'"、"金（门）马（祖）非军事化"都被人骂。他表白自己没有反共、反中国的情结，但中国不放弃武力，不撤飞弹，他就不去大陆。1997年后的香港、1999年后的澳门也不去，并且加重语气说：连转机都不去。看来在这个问题上他是十分在意的。

他送给我一套"美丽岛事件"口述历史丛书，有相当丰富的文字资料与图片资料，对于研究那个时代的历史很有参考价值。

有关"两国论"的交锋

姚嘉文当主席时，我们也没有接触，第一次会面时他也是"立委"，不过时间比施明德要早得多，见面的次数也多。1993年他与其他几位民进党籍"立委"组团前来大陆，来到厦门大学台湾研究所。我知道他在监狱里曾经著书立说，写了好几本书，其中《台湾七色记》是多部头的历史小说，我看过一

2001年访问施明德

些。当时和他谈起这件事。那天由于谈话的对象很多，我们之间互动不多。

后来他多次来大陆参加研讨会，我们不仅在会上接触，还曾经一同去茶馆深谈。记得有一次在北京的研讨会上，有大陆学者对民进党有人提出修改"台独"党纲表示兴奋，姚立即指出：这是误会，提出修改"台独"党纲，绝不是放弃"台独"。他一贯坚持台湾前途要由公民投票来决定。

1999年9月中旬，全国台湾研究会在福建泉州举行海峡两岸学术研讨会，有好几位台湾学者参加。我和姚嘉文以及住在日本的台籍教授刘进庆坐在一起，我为他们二人做了介绍。可是一开始讨论，他们两人的观点就对立起来，这里既有学术上的分歧，也有政治立场上的分歧。

当时，李登辉刚刚提出"两国论"，很自然地成为讨论的焦点之一。有的台湾学者批评李登辉"违宪"，有的分析"两国论"提出的背景，有的则为"两国论"辩护，有的认为是要迫使大陆考虑统一之前的台湾定位，有的则单纯从台湾选举的角度进行解读。

姚嘉文认为"你们讲了好几年'一个中国'，让李登辉讲一下'两个中国'也没有什么不可以"；"美国的'一个中国'是指未来，One China，but not now"。这是他们的一贯看法，我们不感到奇怪，原则立场上的分歧是不可能很快解决的。

14日下午，台湾记者给我看了刚刚从台北传来的新闻：当天上午国民党中常会中，有不少人支持李的"两国论"观点。我当即要求大会发言。我说，过去李登辉说过不少类似"台湾是'主权独立的国家'"之类的话，国民党内马上就有人出来为他澄清，这次不一样，不但没有人澄清，而且还有不少人"跟进"，现在已经成为国民党上层的共识了。"是你们把大门关上，不让汪老去，原来可能走向缓和的两岸关系被破坏了，现在问题严重了。两岸关系再一次跌入谷底，这是我们所不愿意看到的。"

"两国论"受到国际舆论的严厉谴责，在两岸关系上究竟谁是trouble maker（麻烦制造者），人们是看得清楚的。

在那次会议期间，还去参观一个相当粗糙的历史上泉州与台湾关系的陈列。我陪同姚嘉文参观，当他看到"台湾的少数民族是从大陆迁移过去的"，马上说："骗人！"就不想往下看了。在参观的整个过程中，他显得一肚子不高兴。后来，有一位观众认出了他，并且知道他的太太周清玉是彰化县长。这时，姚嘉文的脸上才露出笑容。

是啊，台湾少数民族的来源本来是学术界未有定论的问题，要说都是由大陆迁移去的，未免太武断。做宣传必须有科学依据，陈列之前至少要请教一下相关的学者，否则既无法说服别人，又使自己陷入被动，不仅不能收到预期的效果，还可能适得其反。

大家知道，姚嘉文一贯坚持"台独"立场，他现在是公认的"台独大佬"之一。不过，他还愿意前来大陆交流，在这一点上与施明德有所不同。

"大胆西进"之后

我认识许信良是在 1991 年，那是他第二次来厦门。第一次是在 1989 年，他私渡到漳浦县的一个港口，到过厦门，然后从海路私渡去台湾。据说他躲在船舱里，军警检查时，旁边的獒犬突然叫起来，结果许被发现了，立即被捕，以叛乱罪判刑 10 年。不过，第二年他就被特赦出狱。于是，1991 年初许信良再次前来大陆，到达厦门。

那次，许是与谢聪敏一同来的，谢用的是"许信良办公室顾问"的身份。一天晚上，厦门市台联为他们举行晚宴，我也参加了。见面时，我说出了他们的姓名，谢感到有些惊讶。有一位台商告诉他们："他是专门研究你们的。"我对谢说："大魏来过我们研究所。""大魏"就是魏廷朝，他与谢都是彭明敏的学生，1964 年他们三人因为发表《台湾人自救宣言》而被判刑入狱。

1991 年 3 月我指出：从民进党每次通过的决议看来，都是一步步向"台独"走近。希望民进党不要成为一个"台独党"。以后，"台独"的声浪不断高涨，以至于林正杰因党内"没有不主张'台独'的自由"，而宣布退出民进党。10月民进党通过"台独"党纲，接着许信良当上了民进党的主席。我当时提出："希望许信良能整合党内派系，不要使民进党真正走上'台独'的道路"，对他还有所期待。

许不担任党主席以后，特别是1999年他退出民进党以后，我们与他多次见面，但都没有深谈。2007年、2008年、2009年他每年都到我们院里来，有时还不止一次，座谈，演讲，侃侃而谈，毫无拘束。他鼓励我们的学生"大胆挑战和你们不同的观点"，学生们提出许多尖锐的问题，他都一一娴熟地"接招"，热情的学生回报以阵

走近两岸

2001年与许信良、黄煌雄会面

2009年许信良、李文忠访问厦大台研院

阵掌声。

2009年有一次他与李文忠一同来，我们十分坦率地展开讨论，有共识，也有争议，尽管一时无法达成共识，但能够了解彼此的想法，对于增进理解、积累互信是有好处的。

我们重点讨论了民进党的两岸政策，他们两位都认为"民进党应当大胆参与两岸交流"，"民进党不能自外于两岸和平发展"，"民进党需要有'两岸论述'"。这也是我们的共识。

我认为民进党尽管不可能把两岸关系看成头等大事，但如果不主动改善两岸关系，从中得分，则民进党就可能"长不大"，它只能保住"基本盘"，而最关键的10%选票则永远得不到。大家都看到两岸关系和平发展对两岸有利，这是民心所向，民进党如果坚持对大陆采取对抗

的态度，阻碍两岸关系的发展，就会失去一部分民意的支持。民进党不是强调"爱台"吗？我认为真正"爱台"，应当从台湾人民利益着想，与大陆合作，走和平发展的道路。许先生过去主张"大胆西进"，不知现在是否有新的提法？是否可以考虑"爱台西进"？

许听了以后，似乎也把"爱台必须西进，西进就是爱台"的说法加以掂量。不过，他表示"我不代表民进党，只是代表个人，一个长期关心两岸和平发展的个人"。

"台独"是国民党的需要

张俊宏与我们接触的次数很多，他时常发表一些出人意料的见解。1996年他说：国民党需要"台独"，国民党利用"台独"打压民进党，来换取中共的回应。民进党内有些基本教义派接受国民党的特殊津贴，整天高喊"台独"，国民党就可以不喊"台独"而搞"台独"。并且说，其实民进党的"台独"党纲与国民党的"三民主义统一中国"是一回事。

1999年他进一步阐发了上述观点。他说：自从二届"国代"选举以后，民进党一路败选，可是一提到修改"台独"党纲，就会引起党内风波。后来才发现修改党纲的关键不在民进党，而在国民党。因为国民党需要用"台独"党纲来恐吓台湾民众、操纵民进党、恐吓中共，民进党的"台独"党纲成为国民党维持统治的重要武器。民进党新潮流系逐渐务实以后，国民党就抛弃新潮流系，而以建国党取而代之，这是国民党运作与津贴的结果。所以只从民进党着眼，解决不了"台独"党纲问题，还需要找国民党来解决。张还说，民进党的党魁不是许信良，也不是林义雄，而是李登辉，民进党只是喊"台独"，而李登辉则是在做"台独"。

这种说法出人意料，但还找不到证据，我们只能听听而已。

六、林浊水、沈富雄

林浊水"问天"

有一次与林浊水会面时，有两位美国耶鲁大学政治学系博士候选人郭正亮、林佳龙在座。林浊水介绍说，郭正亮就是江迅。我知道他参与过张俊宏"地方包围中央"的研究与撰述。这一次，林浊水这位"台独理论家"是带着两位民进党青年才俊来和我们对话的。

林浊水担任"立委"期间，曾经两次邀请我和本所的林劲教授一同餐叙。1994年那次还有新潮流系总干事刘世芳在场。

林既谈现实也谈历史。他说：改善两岸关系，在大陆"一念之间"，只要大陆放弃"僵化的主权观"就行了。要强行"一国分开"，或"两岸凑合"，都要花很大的成本。林浊水坚持"台独"的主权观当然是与我们冲突的，国际上公认台湾主权属于中国，是谁也无法改变的。

他还说，台湾与大陆的关系比越南与大陆的关系时间还短。在台湾建省之前，台湾是无主之地。他还表扬陈仪，说陈知道"统治台湾是一个国家整合工程"，所以陈仪想实行"一国两制"，给台湾筑一个"防波堤"，可惜失败了。这些言论似是而非，其目的都是企图否定台湾与大陆的历史渊源、政治关系、法律关系，企图否定台湾主权的归属问题。

2000年12月香港大学亚洲研究中心与香港政策研究所在港大召开"台湾政局走向与海峡两岸关系"研讨会，台湾各党派都有代表参加。大陆方面只有上海东亚研究所所长章念驰和我到会。本来台湾朋友告诉我，"中研院"社会学所的萧新煌也会来，我正等着与他会面。可是后来台湾亚太研究院洪美华副院长打电话告诉我，萧因为没有获得"港签"，无法到会。原来萧是"国策顾问"，官大，需要"特批"。可是，"台独理论大师"林浊水却来了，听说他有"多次往返"香港的证件。

在会上，台湾学者之间的争论也不少，当时他们更关心的是台湾政局以及朝野之间的合纵连横，两岸关系在他们看来似乎是用来争夺选票的筹码。林浊水分析国民党失败的原因，提出"国民党新党化"的说法。

不过，当时林浊水居然说出这样的话："陈水扁上台六个月中，中共的善意表现，超过了以往十二年。"这说明大陆的自信，连他也感受到了。我对他说：我们的态度很明确，只要回到"九二共识"，两岸就会有良性的互动。现在你们执政，关键就看你们的态度了。台大张麟征教授问道：寄希望于民进党？我说，现在他们执政，要对两岸关系的发展负责，如果有问题，当然要找他们了。所谓"听其言，观其行"就是要看他们的态度。

'94 12 23

1994 年与林浊水、刘世芳会面

作为新潮流系的"理论家"，林浊水总要发表一些与众不同的看法。例如，他反对陈水扁的"防御性公投"，认为这是维护台湾安全的重要武器，要等到危急时刻"宝剑才能出鞘"，现在不是动用的时候。他反对陈水扁"制宪公投"，他说，"制宪"已经超越法律规范，不要一党"修宪"、一人"修宪"。因此，他被列为"十一寇"之一，受到党内的围攻，以致果断地辞去"政策会执行长"，后来又辞去"立委"的职务。

2009 年初，我收到他的新著——《历史剧场：痛苦执政八年》，对八年来台湾政局、社会状况、政治人物的作为、政策的失误、台湾向下沉沦的原因——做了评述。从书上可以看出他的许多意见不被当权者采纳。

他无可奈何地"问天"："为什么成功号召了改革力量而上台的民进党八年执政施展抱负后，被民众羞耻地赶了下台？"他发出了这样的呼声："民进党何尝执政？只是扁一人执政罢了。"不过，"民进党的挫败，扁固是问题轴心，却并非问题全部，许多和扁分沾权力的人乃至整个民进党，皆是难辞其咎"。他已经在总结民进党执政失败的教训，但整个民进党至今似乎还来不及做到这一点。

当然，林浊水毕竟是"台独理论家"，他始终坚持"台独"立场，有人问他是否要和沈富雄一样，走"中间路线"，他说："我向来反对冒进的基本教义派，但我确信稳健'台独'才是对的，如果沈要号召走中间路线，那就不要算我一份。"

沈富雄谈"混血"

我们与沈富雄接触并不多，但知道他原来是一位医生，是民进党内一位务实派人物。2001 年与他会面时，他还是一位"立委"。

当年陈水扁提出"统合论"，沈说：有两种统合方式，一种是水平统合，即统合在中国之下，统派接受这种统合，但"中华民国"就消失了；一种是垂直统合，一个 PRC，一个 ROC，基本教义派反对，我们可以说服他们。务实派从历史、地缘来考察，统合是免不了的。

但不要讲血缘，统派讲炎黄子孙，基本教义派讲台湾民族。他对我们讲起"基因"来了，他说，其实从大陆过来台湾，经过 300 多年与原住民混合，大约有 60% 的汉人都是"混血"，全世界都混血，讲炎黄子孙没有意义。这也是台湾比较流行的一种说法。但是即使出现混血，历史上台湾人民与大陆人民有血缘关系、台湾与大陆同属一国仍然是无法改变的。

他还说："两岸关系操之于你们的高层。中共不会轻易让步，我可以理解，领导人在自己任内不能让台湾跑掉，最高目标是把台湾拿回来。我认为台湾应当与中国和解。台湾要维持现状很吃力，消耗很大，这是你们害

2001 年与沈富雄会面

的。只要你们对台湾好一些就好，对台湾好，对中国不见得不好。你们对台湾好，台湾就更走不了了。你们对台湾凶，台湾就会拼命跑。"

他告诉我们，他的太太去过大陆，他没有去过，因为大陆不让他去。我们不知是否有这回事。

后来，他经常发表一些与陈水扁不一致的言论，被列为"十一寇"之一，2007 年宣布退出民进党。

走近两岸

七、县市主委访问团

李登辉拉民进党

1991 年 3 月民进党县市主委联谊会访问团林文郎、杜文卿、谢锦川、杨清治、陈成林、李金亿、高挺区、郑万信以及评论员胡忠信等人前来本所。这是民进党人第一次组团访问大陆，双方都认为需要了解对方的看法。于是，我们就台湾政局，民进党派系，国民党派系，民进党对李登辉的态度，民进党对参加"国统会"、"陆委会"、海基会的态度，民进党对两岸关系的态度，民进党主席改选，二届"国代"选举等广泛的问题展开了座谈。会后，双方感到言犹未尽，约好在宾馆继续深入交谈。

他们指出，李登辉对民进党的态度是友善的。他上台后因为没有自己的班底，急需民进党的支持。李登辉要防止"军人干政"，也需要民进党的支持。所以他借用"国是会议"来拉民进党，以巩固其民意与政治基础。

他们说：李登辉搞"国统会"是想自己来主导大陆政策，不使这一大权旁落在郝柏村手中。但是，他一搞"国统会"，就显得与民进党疏远了。民进党反对参加"国统会"，因为它无法接受"国家统一"的前提。后来看到"国统纲领"的条文，实际上并非要"国家统一"，而且还说"统一要尊重二千万台湾同胞的意愿"，这与民进党的"台湾自决"有一致性，可见"国统会"的运作是与"统一"名实不符的。

双方需要了解

　　那时是两岸交往初期，双方了解甚少，有一位主委说："台商想来大陆但又怕受到伤害，于是把一只脚放在台湾，另一只脚放在大陆。"这反映了当时两岸关系的真实状况。

　　他们说，我们访问团就是要来"把我们的声音告诉你们，亦表达了我们的立场，听不听由你"。他们对"一国两制"、"国共谈判"、"外交围堵"等等做出了强烈的反应。我们只能简要地给予解释而无法立即说服他们。

　　我说：两岸几十年来走出自己的道路，不能强求一致。从大陆来说，现在是最好的时期。两岸需要互相了解，求同存异。这次你们来，大陆可以听到民进党的声音，当然会考虑你们的意见。双方都要设身处地为对方想一想，找到一个大家都能接受的解决办法。只有通过互相沟通，才能将两岸关系建立在理性的基础上，得到健康的发展。我还提出，希望民进党新潮流系也到大陆来看一看，以便制定出符合现况的两岸政策。

　　事后，该团的荣誉领队林文郎在谈到访问大陆印象时，其中之一就是："厦门大学台湾研究所对台湾政局的发展，（研究）相当深入。"一些成员也认为我们"对台湾政局的剖析及民进党派系问题、台湾第二次'修宪'、'国代'选举，均了如指掌"，表示愿意与我们继续交流。

走近两岸

八、民进党中央党部

我们与民进党中央党部的负责人也有接触，在不同时间，接触过的有张俊宏（秘书长、中常委）、邱义仁（先后担任副秘书长、秘书长）、陈忠信（政策研究中心主任、副秘书长）、蔡式渊（副秘书长）、蔡仁坚（文宣部主任）、陈芳明（文宣部主任）、杨嘉猷（侨务主任）、颜建发（"中国事务部"主任）、余莓莓（"中国事务部"副主任）、卓荣泰（社会发展部主任）、杨黄美幸（外交主任）、谢淑媛（台湾安全与战略委员会执行长）等等。

1996 年 4 月我和范希周、李强、林劲、刘国深访问民进党中央党部，会见了秘书长邱义仁、副秘书长陈忠信、外交主任杨黄美幸等人。

2001 年 8 月我和范希周、林劲等访问了民进党"中国事务部"，会见了颜建发、余莓莓以及该部的几位年轻的朋友。见到包淳亮时，我对他说："我看过你写的几篇文章，很有独到的见解。"

那次与他们接触的印象是，他们强调："一中各表"是台湾的底线；"中华民国"是台湾的最大公约数；从民进党看来，陈水扁的转变已经很大了，讲出了"未来一中"，大陆应当要有回应。

此后，我们与颜建发一直保持联系，他也曾多次来访。在他离开中央党部后，我们还谈到民进党的问题，他提出过这样的看法：民进党内有派系矛盾，但没有"你死我活"的斗争。"四大天王"之间有矛盾，但有矛盾、有竞争才好，让他们自由竞争，看看谁的实力强，看看最后是谁"冒"出来，那时全党就会支持他（参与"大选"），不支持也不行。陈水扁说他不介入党务，这是不对的，他对党务必然有很大影响，说不介入是不负责的态度。现在民进

2001 年访问民进党"中国事务部"

党内没有人愿意出头对整个政局和党的发展方向发表意见，就是因为陈水扁的存在，谁也不能取代他。在台湾，关键要看选举、看选票，党不能管政，也不能管"总统"，不要把党的作用估计过高，不要把党内矛盾看得太严重。这是他个人的看法，有些已经证明是正确的，有些则未必，例如，2008 年大选时，并没有出现"全党支持谢长廷"的现象，以至于谢长廷选得"很辛苦"。

1989 年县市长选举时，民进党"征召"杨嘉猷从海外回来参选台中县长。那时我对选举做了预测，估计民进党可能获得 5～7 席县市长，选举结果民进党获得 6 席。我把杨嘉猷列在无法当选的名单中。后来，杨嘉猷以民进党侨务主任的身份访问本所。那是第一次见面，我就叫出他的名字，并对他说："杨先生，在选前我就估计你不可能选上。"接着分析他在选举中的几项弱势。他没有想到一个与他素不相识的大陆学者居然这样关心和了解他的情况，大家的交谈便不感到拘束了。

我们与蔡仁坚认识较早，他 1988 年 8 月就参加"台湾史研究会"的访问团来到本所。1990 年在他担任民进党文宣部主任时，我们曾经有书信往来。再后来他当了新竹市长，出了麻烦以后曾经在厦门住过一段时间，我们虽然还有接触，但他已经从民进党"淡出"，几乎不谈民进党的事了。

九、"台独"党纲

我们与民进党人经常就"台独"党纲问题进行讨论。早在1991年10月民进党通过"台独"党纲当天，我在接受台湾媒体采访时就说："民进党今天所通过的'台独'条款党纲修正案是走向"台独"，后果相当严重。"同时指出：许信良当选民进党主席，我希望他能整合党内美丽岛系和新潮流系，"勿使民进党真正走上'台独'的道路"。通过"台独"党纲对两岸关系"有很大的伤害"，估计也不利于民进党年底的选举。后来还指出，"台独"党纲将加剧岛内不安，但"台独"势力在台湾并无很大市场。大陆对"台独"党纲的批评十分严厉，中共也会避免与民进党接触。美丽岛系有从主流变为非主流的危险，民进党也有演变为"台独党"的可能。

冲突激化的产物

1992年我第一次访问台湾时，就与陈忠信谈起"台独"党纲，他告诉我，那是党内互相争论，冲突到了激化的程度而产生的。根据记载，1991年10月民进党五全大会时，由新潮流系林浊水提出"建立'主权独立自主'的'台湾共和国'"党纲修正案，美丽岛系有部分成员反对，经过激烈争论，通过了倾向"泛美系"陈水扁所提的基本纲领修正案。

1993年"陈水扁办公室国会助理"马永成来我们研究所时介绍说，美丽岛系等都反对把"台独"主张列入党纲，只是为了

195

堵住新潮流系的气势，才同意列入党纲，让新潮流系再也没有什么诉求可以先声夺人。

1996年张俊宏讲得更具体，他说，当时如果不把"台独"纲领放进党纲，党就会分裂。他的想法是索性写进党纲，也许让他们去搞，他们反而不敢搞了。或者等到他们走到极端的时候，再把它调整过来。

我记得有一次陈忠信用了"狗急跳墙"来形容当时的情形。

由此可见，民进党的"台独"党纲是在新潮流系挑起争议导致党内派系矛盾激化的状态下，其他派系为了摆脱新潮流系的纠缠、避免党的分裂，出于无奈而对新潮流系采取迁就、放纵、妥协态度才勉强通过的。当时出席会议的许多人事先没有想到要通过这样的纲领，所以"台独"党纲并非在民进党内得到多数人赞成、支持下的产物。

作为一个负责任的政党，对于自己的党纲应当采取十分郑重的态度，而民进党的作为并非如此。

新潮流系怎么看这件事呢？邱义仁对我说，自从把"台独"列入党纲以后，"台独"就变为民进党的"公共财"，新潮流系就失去原来自己所特有的财产了。

196

绿色"神主牌"

很多人关心民进党会不会修改党纲，我们也问过他们。

1992年陈忠信说，你们不要太看重"台独"党纲，党纲要修改是很难的，但可以被取代。现在民进党提出"现阶段两岸关系与对中国政策"就是取代党纲的一些说法。马永成则说，民进党对"台独"党纲有相当大的"弹性"，一旦民进党执政，也未必立即宣布"台独"，会务实地调整政策。

还有人告诉我：你放心，民进党执政不会立即宣布"台独"，因为夺取政权之后的首要任务是"巩固政权"，这是马克思的理论。如果政权还没有巩固，就去搞"台独"，那就等于自杀。真要宣布"台独"，需要绝大多数人的支持，如果有 20%～30% 人反对，经常找我们麻烦，政权也难维持。

到了 1998 年许荣淑对我们说："台独"党纲与民意存在严重的落差，民进党为了选票，提出"不可能也不必要宣布'台独'"的说法。

但是，几乎所有的民进党人都认为"台独"党纲不会修改。有人说，"台独"党纲是历史形成的"情绪性情结"，要去修改它，风险很大。它是一个"历史文献"，是一个"神主牌"，把它摆在那里，不要动它，也不要用它。还有人说，"台独"党纲不能由民进党关门修改，需要看台湾民意；有的说，关键不在民进党，而在国民党，"台独"党纲是国民党的需要；甚至有人说，修改"台独"党纲需要"与大陆互动"。

更多的人说，"台独"党纲已经被"台湾前途决议文"所取代，没有必要修改。许信良说过，"'台独'党纲已经是历史文献"，最近他又说："台独"党纲不必废除，因为"台湾前途决议文"已经做了处理。"后法"已经取代了"前法"，可惜这个看法大陆不能接受。沈富雄则责怪说："共产党太相信教条，把党纲看得太严重。"他说，去动"台独"党纲后遗症太严重，支持者会恨死我们。其实，民进党执政等于"'台湾共和国'的终结"。施明德担任党主席时也说："民进党执政不会宣布'台湾独立'。"

当然也有人有不同的说法，他们说："'台独'党纲是不会改变的，因为全党都主张'台独'。"姚嘉文也说，即使有人提出要修改"台独"党纲，也绝对不是要放弃"台独"。

我把民进党人对"台独"党纲的看法罗列出来，可以看出，他们的意思大体上包含三句话：第一，"台独"党纲只是一座"神主牌"，大陆不要过分重视。第二，不必去修改"台独"党纲，它已经被"决议文"所取代。第三，即使民进党执政也不会宣布"台独"。

这可能有两层含义，一是"安抚"我们，"麻痹"我们，让我们放松对"台独"的警惕。可是，要判断一个政党的性质，党

的纲领应当是一个主要依据，"台独"党纲不改变，怎能断定民进党不搞"台独"呢？二是他们对实现"台独"没有信心。民进党不是"铁板一块"，有些人根本就不相信能够实现"台独"。陈水扁力图推行"台独"，遭遇困难重重，他说，李登辉12年做不到"台湾走向'独立'"，"不能骗别人了，做不到，就是做不到"。

早年民进党新潮流系曾经标榜自己的"三面大旗"："台湾独立"、群众路线、社会民主主义。经过20年，他们承认"除了'台独'，左派与群众路线都已渐行渐远"。2005年我曾经写文章指出：原来的三面大旗，自己丢了两面，剩下的一面也被别人扛走了。现在在"台独"的光谱中，新潮流系的色彩不如"'台独'联盟"，也不如"建国党"、"台联党"。对新潮流系而言，"台独"已经成为"鸡肋"，可是他们至今还抱住这个神主牌，而舍不得丢掉。

民进党背上了这座"绿色神主牌"，似乎到了骑虎难下、进退维谷的地步，可是却还不肯放下包袱。民进党内有人说，"'台独'是老一辈人如陈隆志、蔡同荣、黄昭堂等人的主张，年轻一辈不关心这个问题，老一辈死了，'台独'也就没有了"。我想，意识形态是不会自然淘汰的，而且与其消极地等待自然淘汰，不如下定决心，正确面对，抛开基本教义派的"绑架"，求得自我解脱。

民进党何去何从，人们拭目以待。

走近两岸

第三篇

研究者的角色：

接受实践检验

寄希望于谁？

对台工作的重点对象是什么？一向有不同的看法。

早期大陆有些学者对国民党大佬情有独钟。当时陈立夫说了一句大话："台湾有 400 亿美元外汇存底，可以拿出 100 亿帮大陆发展。"这就引起大陆许多人对他好感。于是有些大陆人士去台湾能够见到陈立夫、蒋纬国等人就十分高兴，与他们拍照，请他们题字，似乎通过他们就能解决台湾问题。后来，有人对因"国会全面改选"而退下来的老"立委"感兴趣，主张加强对他们的工作。我当时就提出质疑：找他们干什么？他们在台湾几乎已经没有影响力了。很多人不知道，陈立夫说的话在台湾没有人把它当一回事。

再后来，有的学者主张工作的重点是国民党中生代，原因是他们属于"统派"，还有人认为重点应当是新党成员，因为"看到他们就比较舒服"。有人公然表示"我就是带着感情看台湾政局"，"我就是与国民党亲"。

所谓"感情"，从政治学角度来说，是属于"政治心理"范畴的问题。政治心理包括政治认知（从而区分"自我"与"非我"）、政治情感（从而区分好恶、亲疏）、政治动机（从而区分不同的需要与目标）、政治态度（从而区分支持或反对）。政治心理是一种缺乏理性指导的心理现象，是未上升到自觉程度的政治意识。我们有不少同志长期以来形成一种政治心理：认同国民党、亲国民党、希望国民党取胜、支持国民党当权。如果在政治态度上，完全受政治心理的支配，那就只能"跟着感觉走"，把个人的好恶当作评估台湾局势的标准，戴着有色眼镜，一厢情愿地、片面地、主观地看问题，其结果必然导致偏差和错误。

当然，国民党、新党都是我们团结的对象，但把他们作为主要对象，就会冷落了占台湾人口绝大多数的本省人。

在台湾，那些讲闽南话或客家话的本省人，他们与大陆乡亲已经隔了好几代，现在没有"三等亲"之类可以列为"探亲"的对象，只有同宗、同乡，也想寻根谒祖。而不像台湾光复以后去台湾的外省人，他们往往在大陆有亲属，包括父母、夫妻、子女，那就显得"亲"得多了。早期回到大陆的也多是外省人。所以，如果从关系的亲疏来看，重点似乎应当是外省人而不是本省人。还有人从"统独"角度来看，认为外省人都说自己是中国人，主张统一，而本省人则常说自己是台湾人，对统一并不热心。因此，工作的重点似乎也应当是外省人。

但是，我一向认为如果不把占台湾人口 85% 的本省人作为重点对象，就会本末倒置，偏离方向。

后来有人在文章中写道："（台湾）本省人大多数对祖国和民族缺乏认同感，更不可能认同共产党和社会主义制度。"这就把"本土"与"台独"画上等号了。一位尊敬的老台胞打电话给我，他说："为什么要这样对待我们台湾人？"他要求"给予平反"。当时我写了文章，分析"本土化"的两面性，既有正当性、合理性，又有走向"台独"的危险性。但把本土与"台独"等同起来，则是不懂得政治学常识的表现，因为人们的政治态度不可能按照"省籍"来划分。现在台湾主张统一和主张"独立"都是少数，不能把大多数主张维持现状的人全部推到"独"的一边，变成我们的对立面。正确的说法应当是："2100 万台湾同胞，不论是台湾省籍还是其他省籍，都是中国人，都是骨肉同胞、手足兄弟。"

2004 年民进党继续执政，陈水扁极力推行"法理台独"，遏制"台独"已经成为最紧迫的任务。在这种情况下，对台工作的着力点应当放在什么地方？又出现了不同的思路。

有一位知名的专家认为"国民党依然是岛内和平统一力量的核心"。"只有国民党才能有能力聚集起岛内各种分散的统一力量，成为对抗'台独'的核心堡垒。"他们把希望寄托在国民党和马英九身上，而认为那些主张维持现状的人，既不主张"台独"，但也不主张统一，"不统即独"，应当归入"独"的一边。

有一位专家还说："那些有中国意识的人，大都是在1949年以前从大陆过去的大陆人，随着他们渐渐地退出历史的舞台，在台湾已经很少有对中国有认同感的人了。"他们公开反对"寄希望于台湾人民"的方针，竟然说："寄希望台湾人民是一个根本性的战略失误。"

我反对上述观点。当时广义的"维持现状派"约占84.4%，主张"独立"和主张统一的都占极少数。把大多数可以争取的对象，当作"台独"势力，当作打击对象，打击一大片，把他们推到"台独"阵营里去。这是公然反对"寄希望于台湾人民"的方针，公然违背"团结大多数，打击极少数"的战略思想。请问这种做法是遏制"台独"，还是壮大"台独"？

国民党只是主张反"台独"，这一点是应当给予支持的。但反"台独"不等于主张统一。实际上，近年来国民党已经不讲统一了。因为在当前的台湾，如果他们讲统一，就不会得到足够的选票。

至今仍然有人对台湾以"统独"画线，把泛蓝看成是"统派"，如果你去问一下，就会知道他们绝大多数是"维持现状派"。如果只去做泛蓝的工作，就要失去另一半民众，实际上我们已经冷落了这一部分民众。

所谓"台湾人"，主要是指台湾本省籍人士，他们占人口总数的85%，包括泛蓝与泛绿在内，理应成为我们的重点对象。"寄希望于国民党"与"寄希望于台湾人民"是不一样的，不能以前者取代后者。

胡总书记强调"贯彻寄希望于台湾人民的方针决不改变"。那么，为什么要寄希望于台湾人民呢？因为台湾同胞是我们的骨

走近两岸

肉兄弟，我们之间有着同胞的情谊。台湾人民是"发展两岸关系的重要力量"，也是遏制"台独"分裂活动的重要力量。台湾人民是和平统一伟大事业的参与者、合作者，两岸关系和平发展要两岸同胞共同开创，两岸关系发展需要两岸广大同胞特别是基层民众参与，只有他们的积极参与和合作，只有最广泛地实现两岸同胞大团结，两岸关系和平发展才大有希望，中华民族的伟大复兴才能顺利实现。

尽管台湾同胞存在"在特殊的历史背景下形成的复杂心态"，目前在某些重大问题上看法与我们还有分歧，但是，我们相信通过两岸的交往、沟通与互相了解，将会逐渐化解敌意，消除疑虑，增进共识，增进互信，台湾同胞最终会和我们一道，共同发展两岸关系，维护两岸同胞的根本利益。

所以，胡总书记做出了庄严的承诺："无论在什么情况下，我们都要尊重他们，信赖他们，依靠他们。"他还表示，我们要坚持以人为本，把寄希望于台湾人民的方针贯彻到各项对台工作中去，理解、信赖、关心台湾同胞，最广泛地团结台湾同胞一道推动两岸关系和平发展。

两蒋坚持"一个中国"吗？

长期以来存在一个观点：两蒋是坚持"一个中国"的。早在1988年3月，我与台湾著名统派人士王晓波交谈时，他就尖锐地指出：你们说你们坚持一个中国，两蒋也坚持一个中国，这是不对的。你们的一个中国与两蒋的一个中国，相差180度，永远没有交集。这句话确实具有"震撼性"，给我留下深刻的印象，因而始终关注这个问题。

2001年我在纪念"叶九条"发表二十周年时发表一篇文章，对台湾当局"一个中国"的发展过程作了一些分析，很多人不以为然。

我认为台湾当局的"一个中国"，不同时期有不同的含义。

两蒋时代是指：一个中国是"中华民国"，"中华民国"是"主权国家"，一个中国不是中华人民共和国，中华人民共和国不是主权国家。

在"两国论"提出之前是指：一个中国不能说是"中华民国"（国际上不承认），"中华民国"是"主权国家"；一个中国也不能说是中华人民共和国（否则"中华民国"就被吞并了），中华人民共和国也是主权国家（代表大陆，不包括台湾）。

两蒋时代把中华人民共和国称为"匪区"，不承认中华人民共和国的存在。两蒋之后根据形势的变化作出了调整，承认了说"一个中国是'中华民国'"不会得到国际认同的事实，也承认了不能再说中华人民共和国不是国家的客观现实。

两蒋之后与两蒋时代相同的地方是"'中华民国'是'主权

国家'"，不同的地方是：第一，不再说大陆是"匪区"；第二，不再说中华人民共和国不是国家；第三，承认中华人民共和国是主权国家。

我讲了这个事实，于是问题就出来了。后者是更好，还是更坏呢？不承认中华人民共和国是主权国家，还是一个中国，承认中华人民共和国，就成了两个中国，所以，承认中华人民共和国比不承认更坏。这就是许多人根据"逻辑推理"得出来的结论。

我当时强调的是，我方曾经设想，两蒋承认"一个中国"是"我们的共同立场，合作的基础"，可是，两蒋从未认同这个说法，始终坚持"三不"政策。所以，在两蒋时代"一个中国"并没有成为两岸的共同立场与合作基础。

上述看法在相当长的时间内是属于"非主流"的，但并非没有认同者。有一位学者在他未曾公开发表的文章中，也曾对"蒋家历来坚持一个中国，而李登辉搞两个中国"的说法提出质疑，并且以 1964 年中法建交时，台湾当局一反"汉贼不两立"的立场，不打算撤走驻法"使节"，1971 年也曾打算接受"双重代表权"的"两个中国"方案为例，说明两蒋并非始终坚持一个中国原则。

当然，从现在看来讨论这类问题没有什么实质意义，但作为研究者来说，承认事实，认清实质，辨明是非仍然是必要的，有错不改，就会谬种流传，有害无益。

你要站在哪一边？

在相当长的时间里，一部分大陆学者认为台湾社会的"主要矛盾"是"统独斗争"，因此他们对台湾政治采取"选边站"的态度，即支持"统派"，反对"独派"。谁是"统派"呢？在他们看来，就是国民党非主流派与外省籍人士。

在 1990 年国民党内部争夺"总统"、"副总统"提名的斗争时，结果李登辉取胜，有人就说非主流派"功败垂成"，表示惋惜。对于李登辉把非主流派的林洋港、郝柏村"除名"，认为是"乞丐赶庙公"（意即喧宾夺主）。因为在他们眼中，非主流派才是国民党的"主"。

每当台湾选举时，大陆总有一些人认为大陆应当表态支持"统派"，打击"独派"，似乎大陆真有能力影响台湾的选举，甚至能决定选举的胜败。

在 1996 年"大选"时，他们认为是以林洋港、郝柏村、陈履安等为代表的"统派"，与以李登辉、连战、彭明敏等为代表的"独派"之间的"统独对决"，而在 2000 年"大选"时则又把连战列为"统派"了。这两次选举结果，他们所支持的"统派"都失败了。

后来，在国民党与民进党竞选时，他们认为大陆应当公开介入，要表态支持国民党，反对民进党，后来甚至提出"国亲联合打败泛绿"、"支持国亲"的主张。

当然，大陆有很多人认为不应当介入台湾选举。因为台湾的选举是一个地方性的选举。既然是台湾内部的事，大陆不要去干预。

2003 年 2 月，我访问台湾，经过香港时，一些媒体就力图"诱导"我说出对台湾 2004 年"大选"的态度。我当时表示，对于台湾内部政局的演变，大陆采取不介入的态度。我的依据是江泽民、钱其琛等高层领导人多次的重要讲话，他们一再表示"尊重台湾人民当家作主的意愿"。因此，在台湾内部的选举上，大陆既不介入选举的过程，也不介入选举的结果，我们尊重台湾人民的选择，当然，我们也希望台湾选举的结果有利于两岸关系的发展。

在 2004 年选举之前，有关部门的领导公开表态：台湾地区领导人的选举是台湾内部的问题，我们并没有既定的立场支持哪个政党或反对哪个政党。对台湾选举采取"不介入"的态度，成为大陆的一贯政策。

但是，大陆仍然有一些学者对此表示不满。他们通过各种方式表达"支持泛蓝、打击泛绿"的态度。2004 年"大选"前，大陆有一位专家提出，国民党、亲民党是"统的势力"，大陆应当旗帜鲜明地给予支持，否则台湾民众会看不起大陆。也有人还说，大陆如果对台湾选举不表态，不表示立场，就是一种"罪过"。

当时，有些台湾同胞指出，大陆媒体在选举时往往"选边站"，这次表示同情泛蓝，制造"分则必败，合则可胜"的舆论；具有"泛蓝思维"，极力支持"泛蓝"的"连宋配"；对"泛绿"的候选人则多有负面的报道，实际上已经介入蓝绿之争，介入台湾的选举。

这里涉及两个问题：第一是大陆对于台湾内部的选举是否应当干预。台湾各项选举是台湾内部的事，我们尊重台湾民众的选择，尊重台湾人民当家作主的意愿。这是共产党的一贯政策，应当是没有疑义的。大陆民众或个人企图干预，那是没有道理的。

第二是对台湾各个政党的"统独"定性问题。这就应当根据实际情况做出正确的判断。如果认真考察国民党、亲民党、新党

的党章及其领导人对两岸关系的讲话，不难看出他们对"统一"态度的变化，以及是否仍然主张统一。澳门一家媒体指出，大陆有些媒体之所以支持"泛蓝"，是因为他们把"泛蓝"视为"统派"，实际上"把蓝军、蓝媒视为统派是天大的误会"。《联合报》也认为自己不是"统派"，可是有人认为"非独即统"，于是把它定为"统派媒体"。

其实，大陆学界并不都认为国民党是"统派"，有人认为国民党已经不讲"统一"了；也有人认为国民党并非都是"统派"，其中有的是"统派"，有的则是"独台"派，并且认为没有国民党的"独台"，就没有"台独"的滋生和发展。所以，不能简单地把国民党定性为"统派"。

至于国民党内占主流地位的是"统"还是"独"呢？大陆有人认为在李登辉时代，国民党已经经历了"历史的蜕变"，提出"新台湾人主义"，本省籍人掌握大权，改变"以党领政"的功能，中国国民党已经完成"台湾化"，成为"台湾国民党"，推行的是李登辉的"独台"路线。这样的党能定性为"统的势力"吗？

在陈水扁执政后，谈论"联合'政府'"时，大陆有一位专家指出：民进党应当承认"一个中国"与"九二共识"才有可能与国民党合作。他写道："要国民党放弃一个中国与民进党合作绝不可能"，是否承认一个中国"是岛内朝野斗争的主因"，他以为国民党会把"一个中国"作为与民进党合作的条件，事实证明他的估计完全错误。

由此可见，对"泛蓝"势力的政治定位，不应当根据个人的"喜好"与"感觉"，而必须根据台湾的现实，认真考察他们的政策主张以及实际表现，才能做出结论。

有人也许会问：不站在"泛蓝"一边，难道要站在"泛绿"一边吗？这是喜好"选边站"的人的想法。我认为台湾选举是台湾内部的事，我们不必"选边站"，他们也不要你参与；台湾选举是台湾人民享有的权利，我们无权"选边站"，他们也不让你干预。对于台湾内部的竞争，你既不是运动员，也不是裁判员，而只是一名观众，你要给谁加油，那是你的自由，但你不能干预比赛。

所以，国台办发言人说："我们并没有既定的立场支持哪个政党或反对哪个政党。"这是正确的态度。当然，这并不表示我们不关心台湾选举，我们关心的是台湾政局的发展，是否有利于台湾的社会安定、经济发展、生活富裕，当然，也希望台湾政局的发展有利于两岸关系的和平发展。

和平统一还是武力统一？

　　和平统一是共产党提出的方针，这本来是毫无疑义的。可是到了陈水扁上台以后，就有人对这个方针表示动摇。我在2000年5月30日《人民日报》上发表《和平统一的十大好处》，当时在外交部例行记者会上，美国CNN驻京记者就提出：在这个时候发表这样的文章是什么意思？后来在"台独"活动猖獗的时候，更有人怀疑这个方针的正确性，甚至公开向"和平统一"方针提出挑战。

　　有些大陆学者在媒体上公开反对"和平统一"，提出所谓"过时论"、"无效论"、"武力统一论"等等。认为"和平统一的前提与基础即将完全失去"，"谈和平统一已不合时宜"，甚至说和平统一政策"已经失败"，"既然和平方式难以达成国家统一，那就只有战争一途了"，"长痛不如短痛，早打比晚打收益大"，"要让美国知道我们不惧怕发生战争，我们会毫不犹豫地放弃'以经济建设为中心'，中国在台湾问题上是不惜一切代价的"，"武力已经是遏制'台独'的唯一办法"，此类声浪已经达到来势汹汹、"甚嚣尘上"的地步，似乎非迫使中央放弃和平统一方针不可。

　　我们坚决维护党的和平统一方针，认为和平统一方针完全符合国家的最高利益，同时也考虑到世界大格局、时代的主题、处理国际关系的经验等等，是从全球战略高度提出来的。台湾问题的解决是一个长期、复杂、艰苦的过程，可是有人要求"早日解决"，一旦无法按照他们的意愿实现，就对和平统一失去信心。

如果涉台工作人员对和平统一失去信心，怎么可能依靠他们去做工作呢？我们努力阐明和平统一的好处，但却被人当作"不合时宜"的论调，甚至有人写出"武力统一的十大好处"，针锋相对地挑起论战。

当我们论证和平统一是党的基本方针时，居然有人说"武力统一也是党的基本方针"。我当场质问，你们根据哪一个中央文件？根据哪一位中央领导的讲话？没有经过党的代表大会通过能算是党的方针吗？共产党怎么可能有两个完全相反的基本方针呢？

有人觉得不好完全否定和平统一方针，但又要坚持武力解决，于是提出了所谓"军事打击在前，和平手段在后"的说法。他主张第一阶段用军事手段遏制"台独"，第二阶段用和平手段实现统一。按照这个说法，和平统一是将来的事，现阶段则要使用武力。因此，和平统一方针不适用于现在，只有用武之后，和平统一才有用场。这实际上以武力统一取代了和平统一方针。

那么怎么理解"不放弃使用武力"呢？什么情况下使用武力，不是由任何人随意认定的，例如，全民选举"总统"、提出"两国论"、提出"一边一国"、举办"入联公投"等等，当时很多人都认为已经踩上"红线"，但中央还是根据《反分裂国家法》的规定做出判断。那就是要看是否符合以下三个条件：第一，"台独"分裂势力以任何名义、任何方式造成台湾从中国分裂出去的事实；第二，发生将会导致台湾从中国分裂出去的重大事变；第三，和平统一的可能性完全丧失。只有在这样的情况下，"国家得采取非和平方式及其他必要措施，捍卫国家主权和领土完整"。而且还需要由国务院与中央军委决定和组织实施，并及时向全国人民代表大会常务委员会报告。此外，《一个中国的原则与台湾问题》白皮书也指出："采用武力的方式，将是最后不得已而被迫作出的选择。"由此可见，不到"最后""不得已""被迫"的时候，就不使用武力。换句话说，不会主动使用武力。

总之，和平统一才是对台工作的基本方针，而"武力统一"

从来没有被摆在与和平统一同等的地位上。把和平统一是基本方针降为"手段"，并与"军事手段"并提，实际上是用"军事手段"取代了和平统一的基本方针。

中央始终坚持和平统一的方针，一再明确地宣示："争取和平统一的努力决不放弃。"全国人民都要坚决拥护这一方针，军队也不例外，当然，军队要准备打仗，一旦需要，就能坚决维护国家领土主权的完整，粉碎任何分裂祖国的势力。所有的大陆同胞都要深刻认识和平统一方针的重要意义，以最大的诚意、尽最大的努力争取和平统一的前景，而不能有丝毫的怀疑和动摇，更不允许以任何借口公然鼓吹武力统一、反对和平统一的方针。

在一段时间内，支持和平统一方针的人似乎成为少数派。当然我们并不孤立，因为中央始终坚持这一方针，而且也有一些学者与我们持相同的看法。章念驰教授就一贯坚持党的"和平统一"方针，一再说明和平统一是一个复杂、艰巨、漫长的过程，是一个两岸共同缔造的过程。他指出不要因为两岸关系紧张、"台独"声浪高涨而怀疑和放弃和平统一的努力。他坚决反对那些对和平统一"显得不耐烦"的心态，以及"武力解决干脆痛快"、"和平统一已经过时"的论调。在"武统论"声势浩大的形势下，他必然遇到很大的压力，在这个方面，我是感同身受的。

我常想，有人反对和平统一方针，不仅是因为他们对方针的理解与态度问题，可能还有更深层的原因。会说出"给我狠狠地打，打它个稀巴烂，打烂了再重建"的人，不知把"人"置于何地？被"打烂"的台湾，人都到哪里去了？说这种话的人怎么可能有"以人为本"的观念？怎么可能对台湾人民有"同胞情谊"呢？这也说明"对台工作"中的重要组成部分是要让大陆同胞正确地了解台湾、认识台湾，这个工作该由谁来负责呢？

由此可见，是不是"以人为本"，有没有"同胞情谊"，才是支持与反对和平统一方针根本差别的关键所在。这一方针所体现的善意，不但要让台湾同胞了解，同时也需要对大陆同胞说清楚，讲明白。

什么是台湾主流民意？

什么是主流民意？ 它应当是指一个国家或地区大多数人民的共同意志、愿望及要求。主流民意体现在社会生活的各个方面，例如，在经济方面，要求经济发展，改善民生，在当前大陆要求解决住房难、升学难、看病难等等；在社会方面，要求社会正义、社会公平；在对内方面，要求民主政治，社会和谐；在对外方面，要求和平共处，合作互利；等等。因此，有很多主流民意是相通的，不仅在一个国家或地区有这样的主流民意，在其他国家或地区也可能有同样的主流民意。当然，不同的国家或地区有其特殊的主流民意，尤其是在特殊的领域，会有特殊的主流民意。

那么，什么是台湾的主流民意呢？ 这就要界定所要讨论的是哪个方面的主流民意，是指一般意义还是指特殊意义；是指对内方面还是指对外方面，或是指两岸关系方面。

如果从一般意义上说，要和平，要安定，要发展，可以说是台湾的主流民意。但是，这与其他地区是没有什么差别的。大陆官员曾经提出："求和平，求稳定，求发展是全球华人的主流民意。"所以，一般地解释这"三要"对台湾是没有意义的，必须研究这"三要"在台湾有什么特殊的含义。

如果从对内方面，从经济、社会各个方面来说，台湾的主流民意呈现多样性，这已经不属于通常所讨论的范围了。实际上，大家关心的是在政治方面，特别是在两岸关系方面，台湾主流民意究竟是什么。这才是讨论的重点所在。

第一，"三要"在台湾的具体含义。

要和平，一方面要求和平发展两岸关系，不要因"台独"引发战争，另一方面对我方提出的"不承诺放弃使用武力"、在沿海部署"飞弹"感到十分抵触。

要安定，即不要改变现状，维持"不统不独"的现状，"台独"和"统一"都是改变现状，都会引起不安定。

要发展，一是经济上的发展，一是在国际上的发展。经济上的发展需要与大陆合作；国际上的发展，他们认为最大的障碍在大陆，因为大陆"打压"了台湾的"国际发展空间"。

由此可见，"要和平，要安定，要发展"都包含两个方面的意思，不讲涉及大陆的一面是不全面的，可是，我们的媒体往往只做一面的解读。

例如，有大陆学者指出，"求和平"求的是发展经济和建设社会的必要环境，"求安定"求的是发展经济和建设社会的政治条件，"求发展"则是社会和政治建设的根本目的。因此，坚决制止任何分裂势力挑起的战争以"求和平"，建立发展两岸关系和两岸交流的有效机制以"求安定"，推动两岸经贸和各项交流的进行以"求发展"，成为台湾各界的追求目标。

按照这样的说法，台湾的主流民意并不含有上述涉及大陆的那一面，似乎大陆因素对台湾主流民意的形成没有任何影响，这样的看法怎么可能正确的认识与理解台湾的主流民意呢？

第二，在两岸关系方面，台湾的主流民意还体现在哪些政治态度上？

大家都承认，"维持现状"是台湾的主流民意。维持现状在政治上的含义是：维持"'中华民国'（或台湾）是一个'主权独立的国家'"的现状。不管哪一个政党都不能不讲这一点，尽管表述的方法有所不同。在民间，几乎没有人反对这个观点，即使是"统派"，也认为他们是一个国家。他们认为国际上公认的"一个中国"是中华人民共和国，因此台湾不能讲"一个中国"，最多只能讲"一个中国就是'中华民国'"。既然维持现状，就意味着不要"台独"，也不要"统一"。可是有的大陆学者只讲"遏制'台独'是维持现状民意的重点"，至于"维持现状"对"统一"的态度如何，则避而不谈，这就不是实事求是的态度了。

既然是一个"国家"，他们就认为自己有权决定台湾的前途，因此"台湾前途要由2300万台湾人民决定"，也成为台湾的主流民意。如果哪个政党不讲这一点，就无法得到选票。如果说台湾前途要由2300万台湾人民在内的13亿中国人民共同决定，他们就认为大陆"以大欺小"，不尊重台湾人民的权利。

既然是一个"国家"，他们就要求享有作为一个"国家"所应当享有的国际活动空间。为什么一些小国、穷国都可以参加联合国或其他国际组织，而台湾却不能？因此"扩大国际活动空间"也成为台湾的主流民意。如果不能参加，就是因为大陆的"打压"。

这说明两岸在政治认知、政治态度上有明显的差异，台湾主体意识、台湾认同意识的存在，使台湾主流民意与大陆主流民意有明显的不同，可是大陆的媒体却忽视了这一点，或者有意回避这一点，这就会造成对受众的误导。

第三，谁代表台湾主流民意？

有人认为是"泛蓝"，而"泛绿"则是违背了"求和平，求安定，求发展"的主流民意，这种看法是片面的。实际上，不论是"泛蓝"还是"泛绿"，都想作为主流民意的代表，在对待两岸关系问题上，在"国家认同"上，它们基本上没有太大差别。也可以说，二者都或多或少地代表了主流民意，如果他们不能代表台湾主流民意，或不能部分地、在某个问题上代表台湾主流民意，他们怎么可能获得选票呢？例如，既然台湾主流民意是维持现状，那么马英九的"不统不独"就符合主流民意；既然台湾主流民意是要和平，那么陈水扁曾经提出的"反飞弹，求和平"也符合主流民意。

可是，有人由于不了解"要和平，要安定，要发展"的深层含义，认为大陆既然认同这"三要"，就可以代表台湾主流民意，

因而他们经常用"台湾主流民意"作为批判台湾当局的武器，指责台湾当局违背了主流民意，似乎台湾主流民意站在大陆一边，或大陆才是台湾主流民意的代表者、维护者，这既违背了常识，又不符合客观事实。

这是什么道理呢？

社会存在决定社会意识。有什么样的社会，就会有什么样的社会意识与之相适应。两岸社会制度不同，意识形态当然不同，台湾的主流民意必然与大陆不同，处在不同于台湾社会存在的大陆，不可能代表台湾的社会意识。如果大陆可以代表台湾的主流民意，那么两岸之间的政治分歧就不会存在。当前在台湾占统治地位的是国民党或民进党，他们的政治思想在不同时期分别占据了主导地位，而大陆的政治思想现在不可能成为台湾的主导思想。

就台湾现行的政治体制而言，各个政党都必须重视主流民意，否则就会失去选票，导致丧失执政地位。因此，他们极力表示重视主流民意，把自己打扮成主流民意的代表者，一方面他们力图操控主流民意，或制造舆论把自己的意图打扮成主流民意的代表者与维护者，另一方面也可能在某种程度上反映了台湾的主流民意。"爱台湾"、"台湾优先"、"撤除飞弹"、"不统不独"、"主权国家"、"两岸和平稳定"等等就是台湾当局或某个政党"操控"或"迎合"主流民意的具体的体现。

不同的历史背景、不同的社会制度和生活方式、所受的教育不同、所处的地位不同、受到外来文化的影响不同等等，都可能导致观点的差异，形成不同的主流民意。这就需要互相理解，否则对于对方的看法就会感到格格不入，甚至认为对方的看法肯定是错误的，这样，就永远无法消除歧见。只有在理解的基础上，才能互相谅解，设身处地认识对方出现与己方不同的主流民意的客观原因及其必然性与合理性。在谅解的基础上，双方的歧见才可能得到化解，这不是要双方完全消除歧见，而是求同存异，乃至"求大同存大异"。在这个基础上，实现两岸的和解，也就是

"和而不同"。

这意味着，两岸的主流民意，经过相当长时间的交流、沟通，就有可能发生有利于两岸和解的变化，共同走上两岸关系和平发展的道路。目前两岸关系和平发展已经成为两岸的主流民意，当然，双方的主流民意仍然存在分歧的一面。这就需要经过长期的沟通，增进互信，才能取得更多的共识。不可能，也不必要以一方的主流民意取代另一方的主流民意。

"第三次国共合作"是否可能？

20世纪80年代末，在一次学术讨论会上，我发表了这样的意见："现在台湾没有人会赞成'国共合作'：国民党不敢代表台湾人民，台湾人民也不让国民党代表他们。"我讲的是实话，如果在台湾，估计不会有人提出质疑，可是在当时的大陆，讲这种话似乎是大逆不道的，听众可能出于"礼貌"，没有人提出反驳，但也没有人表示同意。当时我已经认定，时代不同了，国民党已经无权代表台湾，要想通过"第三次国共合作"实现祖国统一已经不可能了。

后来，"第三次国共合作"的话题仍然继续不断，有些人把希望寄托在这个上面，他们不了解台湾政局已经发生了巨大变化。不过也只是一些人说说而已，并没有形成"热潮"。到了2005年连战来访，大陆有许多人对国民党充满期待，在网上出现一首《娘，大哥他回来了》的诗，一时广泛流传，感动了许多人。

这首诗，主要表达了三层意思：第一，"大哥"他曾经推翻帝制，北伐，抗日，为保卫祖国建立过功勋；第二，"我"做了检讨，"政治上的歧见使你我渐行渐远，政见的不同使你我兵戎相见，五十年的相互敌视，亲者痛仇者快"；第三，全国人民期待着"大哥"和"我""共同匡扶社稷"，第三次合作，再铸辉煌。

我们不妨稍作分析：诗里的主角"我"显然指的是共产党，"大哥"是国民党。那么这么好的"大哥"为什么离家出走呢？当然是被"我"赶走的。"大哥"为什么这么久不回来呢？"大

走近两岸

218

哥"是想回来的，1950 年就提出，"一年准备，两年反攻，三年扫荡，五年成功"，后来还多次尝试，可是都被"我"挫败了，他回不来。因此，"我"该检讨，"亲者痛仇者快"的罪名该由"我"承担。今后"我"只有请"大哥"回来，与"我"第三次合作，再铸辉煌。那么"老大"是谁，这还用说吗？

这是我对这首诗的解读，不一定符合作者的本意，但这样的解读应当是顺理成章的，谁能说不是呢？我说这些话，目的不是评论这首诗，而是要讨论在当时情况下广泛流行的"第三次国共合作"即将到来的说法。到了 2008 年国民党主席吴伯雄来访之后，更有人认为"第三次国共合作呼之欲出"、"态势已经成形"甚至"已经开始了"。在网上对此发表意见的多达十多万条，有些学界人士还发表论文，论证第三次国共合作的必要性、必然性及其重大意义。

在 2008 年奥运会之前，有人更急于促成"国共合作"局面的出现。他到处呼吁，要求两岸代表团"打着一面旗帜入场"，有的部门只回答说"研究研究"，没有明确的表态，他想让我表示支持。我问他，一同打着五星红旗入场，台湾干不干？他说，可能不干。我再问：打着"中华民国"国旗，我们干不干？他说，那当然不干。我问，那你要打什么旗？他说，共同商量一面双方能够接受的旗帜。我说，中华人民共和国是奥运会的主办国，堂堂主办国的队伍入场，居然没有自己的国旗，你竟敢提出这样的主意，不被人家骂死才怪。他才恍然大悟。

我认为上述看法都是不了解历史、不了解台湾政治的现实的表现，这些观点会对人们造成误导，作为研究两岸关系的学者，不能熟视无睹，有必要出来讲话。

首先需要明确"第三次国共合作"的目的是什么？历史上，第一次国共合作是为了打败军阀，第二次国共合作是为了抗日，那么第三次国共合作的目的应当是实现祖国统一，而不仅仅指两岸经济合作，或遏制"台独"等等。因此，我们就要研究通过"第三次国共合作"是否可能实现祖国统一。

其实，当时国民党最怕说到"第三次国共合作"，他们一再澄清国民党主席前来大陆与"国共合作"毫无关系，国民党的领导人郑重指出："讲国共合作这种话是侮辱绝大多数台湾人民。"那么共产党呢？共产党也不提"第三次国共合作"。可是许多人对此视而不见，仍然迫切期待、极力鼓吹乃至深信"第三次国共合作"必将实现。

我试图对台湾各政党、一般民众以及共产党在这一问题上的态度进行解读，连续写了《第三次国共合作的可能性》、《"第三次国共合作"解读》两篇文章，想从历史学、政治学的两个角度给予澄清。

实际上，早在 20 世纪 50 年代国民党败退台湾初期，就已经在党内开展讨论，由许多学者写出文章，总结在大陆失败的教训，其中很重要的一条就是：两次国共合作是"一个根本错误"。因此，蒋经国指出："与'共匪'谈判，无异自取灭亡"；"根本没有两党合作之可言"。宋美龄指出："二次惨痛，殷鉴昭昭，一而再之为已甚，其可三乎？"他们告诫后人，不能再有第三次国共合作。也就是说，国民党吸取"惨痛的教训"，"不敢"再提第三次国共合作了。

更重要的是由于台湾政治体制的变化，国民党已经不能代表台湾当局，2000 年以后，国民党成为在野党，既没有掌握公权力，也没有可能获得台湾当局的授权，它是无权也"不能"以党的名义与共产党合作来解决台湾问题的。

随着国民党的转型，他们强调"以台湾为主，对人民有利"，坚持"不统，不独，不武"，"台湾前途要由台湾 2300 万人民决定"，"不容中共干预"。这说明国民党已经"不愿"就解决台湾的前途问题与共产党进行谈判了。

早在 1988 年民进党就提出"如果国共片面和谈"，民进党则主张"台湾应该'独立'"。近来则警告国民党不要重蹈两次国共合作失败的覆辙。一般民众也主张"台湾前途由 2300 万台湾人民决定"，这就是台湾社会"不让"由国民党与共产党谈判决定台湾的前途。

共产党则"不提"第三次国共合作，国台办领导指出连战来访是为推动两党交流对话而来，并非"国共合作"；"现在不宜提这个主张与口号"。

总之，由于上述"不敢"、"不能"、"不让"、"不提"的理由，通过第三次国共合作实现祖国统一的可能性已经不存在。许多学者不了解以上的历史事实，不了解时代的变化，仍然坚持过去的旧观念，必然会脱离实际，无助于问题的解决。

但这不等于说国共两党不可能进行任何合作，两党在共同推动两岸关系和平发展方面，还有大有可为的。当然，我们也期待与台湾其他政党的合作。

陈水扁敢不敢宣布"台独"？

2006 年台湾发生"倒扁"运动以后，陈水扁固然受到强大的冲击，但却仍然不断地对大陆发起攻击，叫嚷要以"台湾"名义加入联合国。在这种情况下，对于陈水扁推行"法理台独"的问题有两种不同的估计。

大陆有些专家认为陈水扁利用"修宪"、"制宪"推行"法理台独"的危险性增加了，他很可能孤注一掷，铤而走险，狗急跳墙，破罐子破摔，"什么事都干得出来"。

另有一些专家则认为"法理台独"受到打击，危险性有所下降，不宜把它看得过分严重。有人预言："台独"已经是"最后的疯狂"，是强弩之末，2008 年"大选"之后，"台独"运动将明显退潮，逐步衰落。

2007 年 3 月 7 日我参与凤凰卫视《震海听风录》访谈时指出，有人认为陈水扁会在"法理台独"上做出更大的动作，我"谅他不敢"。

我在当时发表的文章中提出如下的看法：

第一，陈水扁不断发表"台独"言论，目的是转移"倒扁"的视线，有意"激怒"大陆，企图"脱身"。大家已经看透他的手法，这个阴谋难以得逞。

第二，在"倒扁"的形势下，台湾没有人愿意讨论"修宪"问题，民进党内就有许多人不赞成，国民党也不会上他的当，通过"修宪"推行"法理台独"，不是时候。

第三，"修宪"需要四分之三以上"立委"的通过，民进党

走近两岸

加上"台联党"无法达到这个"门槛"。即使通过，半年后才能举行"公民复决"。"修宪"需要做许多准备工作，要提出大家比较满意的版本，要有相当长的时间。

由此可见，要在短期内通过"修宪"实现"法理台独"是无法做到的。陈水扁已经没有足够的时间完成"修宪"的工作了。

此外，如果他要"单方面改变现状"，涉及领土主权问题，美国就会"教训"他。我们的《反分裂国家法》更是遏制"台独"最有力的武器。一位美国学者认为，由于中国国力的增强，已经不太担心陈水扁的"法理台独"了。

我的结论是：不管是"修宪"还是"制宪"，在陈水扁任上都已经来不及了，他现在要搞"法理台独"，已经有心无力了。不过，他还会不断地挑衅，叫嚷"要'独立'"、"要正名"、"要新宪"，表示"废统"、"公投"、"制宪"他都要做，但要"依循现行宪法程序"去做，做不到就不是他的事了。

不久以后，民进党就会确定下一任"总统"候选人，确定之后，就不一定按照陈水扁的办法做，至少不会比他更坏。

到了2008年1月"立委"选举之后，有一位大陆专家认为陈水扁在最后时期一定会困兽犹斗，极有可能"正式宣布'台独'"。

我指出：泛蓝已经获得四分之三的"立委"席位，这意味着已经在体制内，形成一个遏制"台独"的有效机制。从今以后，民进党已经无法通过法律手段，进行"修宪"、"制宪"，达到"台独"分裂的目的。至少在四年内，"法理台独"已经无法实现，要以法律手段达成"台独"分裂的道路已被堵死。

在2008年"大选"过程中，陈水扁提出"入联公投"，有人认为这是十分严重的事，如果成功就是"台独"。但是，这不过是一种选举动作而已，美国已经警告："'入联公投'是'台独'的一步。"大陆也警告：这是"走向'法理台独'的严重步骤"。连李登辉都说"很可笑"，陈水扁是不能得逞的。

所谓"法理台独"，是要以立法程序做出的分裂祖国的行为。

不经过法定程序，就无法做到这一点。

因此，谈论陈水扁的作为以及他对台湾政局可能发生的作用，就不能离开台湾现行的政治体制。政党政治的权力制衡，使得陈水扁虽有很大的权力（台湾经过多次"修宪"，"总统"的权力有所扩大），但并没有无限的权力。他的权力不能不受到"宪法"、法律的制约，他没有"立法"权，他不能为所欲为，也无权"正式宣布'台独'"。以为陈水扁"什么事都干得出来"，以为他可以"无法无天"，那是只从个人的政治性格上考察，而没有从政治体制上考察，没有看到台湾现行的体制已经限制了当权者的专断性，从而高估了他的能量，做出了错误的判断。

走近两岸

和平发展是不是一个阶段？

　　自从胡总书记提出"牢牢把握两岸关系和平发展的主题"之后，对和平发展与和平统一的关系出现一些争议。

　　台湾方面认为大陆已经用"和平发展"取代了"和平统一"政策。这显然是一个误解，因为"和平统一"作为大政方针，大陆从来没有改变。

　　那么，和平发展与和平统一之间是什么关系呢？大陆学界出现不同的解读，基本上是两种看法：

　　一种看法认为，和平发展是和平统一之前的一个阶段。"和平发展是走向和平统一的一个阶段"，或"一个阶段性的目标"，"一个初级阶段"，"一个必须经历的阶段"，"一个过渡阶段"。

　　在这一观点下，有如下进一步的阐发：和平发展是迈向和平统一的必由之路。和平发展与和平统一的关系是：和平发展在前，和平统一在后。在和平统一之前，主要任务是推动与维护两岸关系的和平发展，而不急于统一。只有实现两岸关系的和平发展，才能为两岸最终的和平统一累积必需的基础，厚植统一的动力。通过和平发展阶段为和平统一创造条件，逐步由和平发展走向和平统一。和平发展的最终目的是实现和平统一。和平统一是和平发展的方向与指引。这类意见占多数。

　　另一种看法是：和平发展是大战略，和平发展高于和平统一。和平发展是长期努力的目标，和平发展不能与和平统一绝对区分为两个阶段。要把和平统一"融入"和平发展之中，和平统一自始至终贯穿于两岸关系发展的进程中。两岸的"和平统一"

不过是阶段性目标，而不是最终目标。统一以后会怎么样？还是要发展。

我认为之所以会出现后者的观点，主要是他们说的是"和平发展"这一世界潮流，说的是人类社会共同的目标。从这个意思来说，和平发展当然高于和平统一，而且和平统一之后当然还要和平发展。可是，他们忽视了我们这里所讲的"和平发展"上面要加上"两岸"二字或"两岸关系"四个字。我们不是讨论一般意义上和平发展，而是讨论"两岸"的和平发展；不是讨论一般意义上的和平发展与和平统一的关系，而是讨论"两岸和平发展"与"两岸和平统一"的关系。

明确了这一点，说两岸和平发展是走向两岸和平统一的一个阶段，这个阶段的主要任务是实现和平发展，而不是实现两岸和平统一，应当是没有问题的。至于两岸和平统一以后，当然还要发展，而且永远要发展，但与现在所说的"两岸关系和平发展"已经是完全不同的概念了。

另一个争议的问题是：和平发展是不是实现和平统一目标的"手段"和"工具"？

一种看法是，"和平统一"是目标，"和平发展"仅是一种策略，一种手段。"和平发展是阶段性的过程与手段"，是"阶段性的政策措施的务实调整"。如果和平发展的结果是"和平不统一"，这样的和平发展有什么意义？如果不能统一，和平发展也就没有意义。

另一种看法是，和平统一只是阶段性的目标，不是最终目标。把和平发展看作是和平统一的手段，是贬低了和平发展的战略意义，按照前一种说法，和平发展的目标是和平统一，这一点台湾方面必须明确地接受，或是保证不搞"台独"，保证走向统一，至少也要承诺走向和平统一的前景。只有这样，我们才可以与他们"和平发展"，才可以与他们签订和平协议，没有这个保证，可能走向"和平不统一"，我方就不能答应两岸关系和平发展，也不能签署和平协议。

走近两岸

如果按照这个看法，台湾方面不仅不敢签署和平协议，连两岸关系和平发展也不敢答应。因为目前台湾当局乃至任何一个政党都无法做出这样的承诺。那么"两岸关系和平发展"的方针是否要随着台湾当局态度的变化而变化呢？

　　在这里，关键是对和平发展过程的看法问题。"和平发展的过程是两岸和平竞争过程"，不知道大家是否有了这样的思想准备？至少目前可以看到，"和平统一"与"不统，不独，不武"的竞争已经存在，"统一"与"分裂"的竞争仍然存在。这些分歧都要经过和平竞争求得解决。台湾学者已经提出："在构建和平发展的同时，也孕育出和平竞争的因子，而且和平竞争将会是新的两岸关系的特征"，这种看法值得重视。

　　在两岸关系和平发展的进程中，无论在政治、经济、社会、文化、军事等等领域中，还是在各种谈判中，特别在政治议题的协商与谈判中，合作与竞争都是不可避免的。双方都想在竞争过程中，实现自己的目标，因此在和平竞争中，两岸既要有智慧，又要有政治的艺术，包括"妥协的艺术"。未经和平竞争，要一方完全接受另一方的政治主张是不现实的。只有在两岸关系和平发展的阶段中，通过和平竞争，才能取得双赢的结果。

"主权共用"是否可行?

    台湾方面强烈要求扩大"国际活动空间",包括扩大"邦交国",不能只限于目前二十几个"小朋友";提高与非邦交国的实质关系,即提升为"外交"关系;参加各种国际组织,直至联合国。总之,要以"主权国家"身份,参与一切国际活动。他们认为台湾之所以无法参与许多国际活动,主要是由于大陆"打压"的结果,有人甚至提出:"中国是世界上唯一打压台湾的国家。"他们无视国际法以及各个国际组织章程的规定,居然认为只要大陆不阻挠,只要大陆肯"放手",台湾参与任何国际活动都是没有困难的。长期以来他们这一愿望没有得到满足,于是就把"怨恨"集中在大陆身上。"国际空间问题"成为两岸关系的难题之一。

    马英九上台以后,提出"活路外交",表示不与大陆对抗,希望用这种办法取得"国际空间"的突破。他们提出诸如"外交休兵"、"互不否认"、"主权在民"、"实质主权"等等,作为突破的手段与依据。

    他们的主要"理论依据"是所谓"主权共享",认为中国的主权应当由中华人民共和国与"中华民国"共享。

    我认为解决"台湾国际空间"问题,必须从"主权共享"入手,解决了这个问题,具体问题才可能比较容易地得到妥善的处理。

    是否可以"主权共享"?海内外学者的理解与看法并不一致,有人反对"主权共享",认为这是没有理论依据与法律依据的。而认为可以"主权共享"的，看法也不相同，大体上有以下几种意见：

第一，现在就可以主权共享。中国大陆在国际上享有的主权，台湾也应当享有，你是主权国家，我也是主权国家。如果一方独占主权，另一方就是"伪"（假的中央政府）或"它"（外国），这样就不对等、不公平。

第二，现在就应当主权共享。在两岸，中国的主权没有分裂，原本就属于两岸全体人民，主权本应"共有"，要追求的是如何"共用"与坚守"不分离"。这意味着只要肯定中国主权没有分裂，保证两岸"不分离"，就可以主权共享。

第三，在两岸达成"中国主权不可分割"的基础上，可能达成主权共享的政治安排；即在"一个中国"这一主权体内，国家的治权是可以分享的。这就是要先认同"一个中国"的框架。

第四，两岸要承认"中国领土主权不可分割"，现在两岸行使的主权都不完整。只要台湾还有"独立"的可能，只要和平统一尚未实现，主权完整就无法完全实现。只有两岸共同努力，加强合作，才能共享中国主权。这意味着，要在和平统一之后，才能主权共享。

第五，在"一个中国"基础上，通过签订和平协议，构建两岸和平发展框架，两岸共用中国主权。

由此可见，"主权共享"是一个有争议的问题。马英九 2006 年在英国演讲时提出："我倾向认为，我们东亚人民应可从欧盟的经验中汲取宝贵的教益，以进行和解的试验，并思索主权共享与开放型区域主义的可行性。"他说要"思索共享主权"的问题，这是一种慎重的态度。这个问题确实需要两岸共同研究，究竟"主权共享"是否可行？ 如果是可行的，那么上述哪一种意见是可以接受的？ 或者还有可能提出更加妥善的方案。这说明双方需要通过研讨，寻求共识，才能制订方案，用于实践。光凭"主权共用"这四个字是无法解决实际问题的。

两岸是什么关系？

　　许多人都说，两岸是兄弟关系，骨肉同胞，手足兄弟，是一家人。而吕秀莲说，两岸是远亲近邻关系，就有很多人反对。还有人喜欢"模糊"，他们认为不必面对"中华民国"，只要说"大陆方面与台湾方面"，"大陆领导人与台湾领导人"，两岸关系就定为"两岸关系"，或两岸是"地区与地区关系"即可。其实，这些说法说的只是一般关系，或有意回避政治关系，而两岸之间最关键的问题是要说清楚两岸的政治关系是什么。

　　在这个方面，说法就复杂了。

　　在台湾，有人说是一个中国下的两个政治实体，或两个对等的政治实体；有人说是一个中国、两个地区；或一个中国、两个政府；两个对等且不隶属的政治实体；在国际上两个平行的国际法人；两个分裂分治的政治实体；一个分治的中国、主权共享治权分属、两个并存的对等的政治实体；一个中国下互不隶属的两个主权国家；一中两国；一中原则下的多体制国家；一中两宪；两岸一中；整个中国内部的两个平等宪政秩序主体；"台北中国，北京中国"；阶段性两个中国，等等。李登辉说是"特殊的国与国关系"。民进党曾经说过两岸是"两个互不隶属、互不统治、互不管辖的国家"；陈水扁说是"一边一国"的关系，等等。

　　在大陆，曾经提出两岸是中央政府与地方政府的关系；台湾是中国的一个省，或台湾是中华人民共和国的一个省；也曾提出"大陆与台湾同属一个中国"，或"同属一个国家"，但未说明二者是什么关系；两岸不是国与国的关系，不提中央与地方谈判，也曾经有"国家主体"与"小地方"、"大范围"与"小范围"的提法。表示不能接受把"中华民国"作为"国家"的各种定位，包括"'中华民国'是'主权国家'"、"两国论"、"一边一国"、"两个中国"、"一中一台"、"分裂国家"、"对等政治实体"等等。有人主张是"在一个领土、主权统一的国家内部，存在两个互不隶属的政法系统"；有人主张"一个国家，两个'国号'"；"合作主权或协作主权"；"多体制国家的宪政安排"；"中华人民共和国宪法在大陆实行，'中华民国'宪法在台湾实行"；有人同意用"一国两区"，有人提出"一个国家内两个竞争性政权的关系"、"一个中国下两个政府的关系"、"一个国家内部两个政治实体所代表的两个地区之间的特殊关系"，承认台湾是"一个在国内局部区域内实行有效统治、国际上具有部分行为资格的政治实体"等等。

最近以来，两岸学者又提出了不少新的看法，例如，一中各表，互不否认；整个中国，两岸统合；一中两宪，对等实体；一中框架，相互默认；一中共表，互相承认；以及一中三宪，球体理论，两岸治理，创建第三共和等等。可以看出，这些看法对于问题的解决都有启发和推进作用。

应当指出，所谓两岸政治关系，就是两岸政治定位问题，其要害是"中华民国"的定位问题。解决了"中华民国"是否存在、"中华民国"是什么，两岸的政治关系才能获得明确的表述。

这是两岸关系中最大的难题之一。不解决这个难题，两岸关系就很难向前推进。当前两岸许多学者之所以关注这一问题，正是由于这个缘故。

对于这个问题，我个人有如下几点看法：

第一，"中华民国"问题是无法"绕开"的。

"中华民国"问题之所以成为难题，根子就在"台湾问题的由来"。1949 年国民党势力从大陆撤到台湾，"继续维持一个所谓'代表全中国'的反共政治架构"，这就是台湾问题的由来。既然是一个"国"的架构，凡是一个"国"所应当有的东西，它都要

有（总统、政府、议会、军队、宪法等等）；凡是一个"国"所该做的事，它都要做、都想做（选举"总统"、加入联合国、参与国际组织、国防、外交），力图体现它拥有"国家主权"、是一个"主权国家"，因此，它的所作所为必然与一个中国原则相抵触。

在台湾，"中华民国"是"最大公约数"，即大多数台湾民众接受它，他们认为"'中华民国'当然是一个'主权国家'"。坚持"中华民国"就是反对"台独"，而反对"中华民国"则是支持"台独"。但如果允许"中华民国"的存在，就成为"两个中国"，违背了一个中国原则；而如果不允许"中华民国"存在，或让台湾自动去除"中华民国"的"国号"，那就会切断"中华民国"与中华人民共和国的关系，就很难说明"台湾和大陆同属一个中国"。诸如此类的问题，导致将来在两岸进入政治谈判时，在最终解决台湾问题时，"中华民国"终究是一个无法回避的问题，两岸必须共同面对。

第二，处理"中华民国"的原则是：不违背一个中国原则。

"一个中国原则下什么都可以谈"，对这句话可以有两种理解：一是要完全符合一个中国原则，就是要双方表态赞成一个中国原则。二是只要不违背一个中国原则即可。

前者由于国际公认的一个中国是中华人民共和国，台湾方面已经不愿意多讲了，即使是"两岸同属一个中国"，其中的"一中"也肯定不是"中华民国"，因而他们无法接受。

后者则有很大的弹性，目前已经有多种提法符合这一原则，都可以提供协商的参考。

第三，需要有创新思维。

首先，应当承认这是两岸关系中的一大难题，不可能通过"模糊"的方式，或"只要承认两岸同属一个中国，这个难题就迎刃而解了"。

其次，面对这一难题，可能既有的"原则"、"制度"、"法规"都无法妥善地给予解决。因此，既要跳脱"你死我活，势不两立"的斗争思维，又要跳脱历史、政治、法律以及国际法等等既有框架的困扰，依靠两岸人民的智慧与创新思维，找出一种史无前例的切合两岸实际的破解难题的途径。台大黄光国教授指出：今天海峡两岸的对立是历史上前所未有的局面，我们当然要构想出前所未有的解决方法。我赞成这个意见。

还应当指出，两岸难题的解决，不单纯是要分清谁对谁错的问题，在这个方面往往会各自提出种种理由与依据，导致争论不休，结果仍然"无解"。因为这里还有一个感情问题，即使分清了谁对谁错，感情上无法接受，最终也无法解决问题。

只有在建立互信的基础上，任何一方或双方共同提出的创新思维，才有可能被认为是真正符合两岸人民的共同利益与意愿，才有可能被双方所接受。因此，两岸政治关系的解决，需要经过一个交流、沟通、增进共识、增进互信的漫长过程。最后可能在于两岸在"一念之间"达成共识，但过程是难免的。急于求成与期待对方的"突然醒悟"都是无济于事的。

什么是结束敌对状态？

什么是"结束敌对状态"？它的内涵是什么？这个问题至今仍有争议。

台湾有人说，台湾宣布"解除戒严"、"废除动员戡乱时期临时条款"，不再视中共为"叛乱团体"，就是"结束敌对状态"。可是，大陆至今还没有这样做。所以，现在"是他们（大陆）敌对我们（台湾），不是我们敌对他们"。按照这种说法，似乎只要废除敌对状态下的法律或法令，不再把对方视为"叛乱团体"，而且只要"宣布"一下就解决了。似乎现在要结束敌对状态只是大陆的事，与台湾无关。

但也有人把问题说得十分复杂，认为结束敌对状态是一个复杂的"综合工程"，包括"外交休兵"、建立互信机制（政治互信、"外交"互信、军事互信、文化互信乃至于政治领导间的互信）等等，而这一切，由于台湾"朝野"意见无法统一、两岸互信基础尚未建立，需要很长的时间才能达成。还有人说，统独之争造成两岸敌对状态。似乎没有解决统独问题，敌对状态也无法结束。按照这一说法，结束敌对状态包括"政治、军事、法律、意识形态等方方面面"。这就把问题复杂化了。

其实，敌对状态是 20 世纪 40 年代中国内战造成的，而且遗留并延续到现在。早在 1979 年全国人大常委会《告台湾同胞书》中就明确提出："结束军事对峙状态。"我认为所谓结束敌对状态，就是结束两岸军事对峙状态，对内战做一个了结。它既不包括政治、外交等等方面的分歧和对立，也不需要先解决"统独之争"。只要两岸双方同意结束军事对峙状态，两岸人民就免除战争的威胁，可以在和平的环境下，共同建构两岸关系和平发展的机制。这样，结束敌对状态所要解决的问题就会十分明确，不必牵扯了政治、外交等等一系列难题，才有可能尽早达成共识。

在这里特别要指出，把结束政治对立列入结束敌对状态的范围，那是把一个长期的任务纳入短期任务之中，这在逻辑上是讲不通的。"两岸复归统一，不是领土主权再造，而是结束政治对立。"把结束政治对立纳入结束敌对状态，就是把结束敌对状态等同于统一，把第一步等同于最后一步。至于把结束"意识形态"的敌对状态也纳入结束敌对状态的范围，那就等于给自己制造了一个无法完成的任务。试问，现今台湾内部意识形态的对立都无法"结束"，两岸之间意识形态的对立有可能"结束"吗？

总之，结束敌对状态不是结束政治对立。这是两回事，两岸结束政治对立需要经历相当长的过程，而结束军事对峙状态，则是近期可能办到的事。

至于结束敌对状态需要做哪些准备？看法也不一致。

有人认为准备工作包括解决以下几个难题：两岸的政治关系、台湾（或"中华民国"）的政治地位、军事互信、政治意识形态的对立，以及摒弃"台独"分裂政策等等。在讨论军事互信问题时，有人提出：政治互信是安全互信的基础，而军事互信则是安全互信的核心。这意味着，没有建立政治互信之前，谈不上军事互信。如果按照这一说法，要等到上述所有难题解决之后，才能谈结束敌对状态问题，这就等于说，结束敌对状态要到最后才能解决。

正因为存在上述一些不明确的说法，使得人们很自然地把"结束敌对状态"与"统一"联系起来。台湾有人担心结束敌对状态会涉及主权问题、"国旗""国歌"是否存在问题等等，还有人问：是否要接受统一，内战才能结束？是否台湾要保证不"台独"，才能结束敌对状态？结束敌对状态之后，大陆是否要承认"中华民国"？

另一种看法则不同，如果结束敌对状态是指结束对峙状态，由于两岸都表达了共同走向和平发展的道路，结束军事对峙状态的条件必将日趋成熟。在搁置争议的条件下，暂时避开一些难题，找到双方可以接受的办法，经过双方的协商，达成共识，并且以正式文件宣布，应当不是太难的事。

　　不过，如果要单独签订结束敌对状态的协议，可能台湾内部难有共识。因为民进党人说过：内战是在国共两党之间进行的，要结束敌对状态是国共两党的事。民进党不愿意为此事"背书"。由国共两党来签，台湾似乎还难以接受。如果在签订和平协议的同时，两岸共同宣告结束敌对状态，事情可能简单一些。因为民进党也曾经提出签订和平协议，他们没有理由对此持反对态度。而在签订和平协议的同时，宣告结束敌对状态则是顺理成章的事，对此很难持有异议。

　　关键是和平协议是一个具有权威性的文件，必须由具有公权力的代表签署。这才是目前需要解决的难点。我相信本着"建立互信，搁置争议，求同存异，共创双赢"的精神，依靠两岸人民的聪明才智，这个问题必定会得到合情合理的解决。

走近两岸

政治谈判准备好了吗？

回顾一下两岸对政治谈判的态度变化，是相当有趣的。

早在海基会与海协开始运作时，海基会就定位为接受委托办理两岸民间交流中的技术性、事务性工作，没有从事政治谈判的任务。后来在商谈中涉及一个中国原则问题，两会有了1992年的共识，才有1993年汪辜会谈的举行，但这个会谈仍然限于民间性、经济性、事务性、功能性的范围。

后来，两会的事务性商谈中往往涉及政治问题，双方就会发生争执。例如，谈到"遣返罪犯"问题时，大陆方面提出"从事海上贸易的人员"不列在其中，台湾方面则认为这是让走私"合法化"；海基会提出所谓"海峡中线"问题，海协认为这是涉及主权的议题。又如，谈到挂号信函问题，台湾方面提出"应经第三地"，而大陆方面则提出"得经第三地"，海基会认为这含有直接通邮的意图。从那时开始，两会实际上已经感到政治问题难以避免了。

1995年1月的"江八点"，在原有的"在一个中国的前提下，什么问题都可以谈"的基础上，提出第一步双方可先就"在一个中国原则下，正式结束两岸敌对状态"进行谈判。同年4月，"李六条"做了这样的回应："当中共正式宣布放弃对台澎金马使用武力后，即在最适当的时机，就双方如何举行结束敌对状态的谈判，进行预备性协商。"尽管双方还有差异，但这时似乎对开展政治谈判，至少是预备性协商，已经有了一定共识。后来由于李登辉访美，两岸关系陷入低潮。

到了 1997 年 8 月，台湾方面竟然表示政治谈判已经准备好了。时任"陆委会"主委张京育说，不论事务性议题，或政治性的终止两岸敌对状态、签署和平协定等谈判议题，只要大陆方面认为时机恰当，两岸随时可以恢复会谈，并且表示"我方也早已有因应准备"。可见，当时台湾方面已经看到政治谈判的必要性与可能性。可是，不久以后，台湾方面对政治谈判的前提条件提出不少问题，连程序性商谈也极力避免。不过，时任"陆委会"副主委马英九 1998 年 3 月表示"当初两岸在事务性议题触礁，症结就在于政治问题，既然要谈判何必刻意回避政治议题？"他还说，"结束敌对状态议题，大陆有意谈，我方就不回避"。这是国民党执政时期台湾当局唯一一次宣称不回避政治谈判，而且已经准备好了。

我引用当年张、马二位的上述言论，估计现在很多人已经忘记了，也可能很多人还不敢相信，但这却是事实。不过，过了这个村，就没有这家店了。历史就是这样地会"捉弄"人，这可以说是"走向反面"的一个事例。

1998 年是大陆极力推动两岸政治谈判的一年。1 月间钱其琛副总理提出："促进两岸政治谈判是现阶段全面推动两岸关系的关键"；"进行两岸政治谈判已经客观地提到议事日程，是势所必然"。国台办主任陈云林也表示，只要台湾当局明确表示同意进行两岸政治谈判及其程序性商谈的诚意，中共中央台办、国务院台办随时可以授权海协与台方进行政治谈判的程序性商谈。并且希望台湾当局"认真回应我们的建议和主张，毫不拖延地及早与我们进行政治谈判，为改善两岸关系采取切实的行动"。

大陆方面还极力说明开展政治谈判的重要性，指出：多年来两岸事务性商谈未取得预期进展的原因，是受到两岸政治分歧的影响。只有两岸开始政治谈判，属于两岸政治性的分歧就可以让政治谈判去处理，从而使得两岸事务性和经济性商谈得以真正回避两岸政治分歧，求得双方均可接受的解决办法。并且表示，首先应当就两岸政治谈判的程序性安排进行磋商。

但是，台湾方面对于开展政治谈判是有顾虑的，他们还不敢迈出这一步。1998年"汪辜会晤"时，台湾方面强调"中华民国"的存在，大陆方面坚持一个中国原则，所谓"政治对话"只是到此为止。不过，双方还达成了四项共识，其中有一条是："两会决定进行包括政治、经济等各方面的对话，由两会负责人具体协商作出安排。"本来大家还期待1999年汪道涵访台时有望展开政治谈判，但当年7月李登辉提出"两国论"，第三次汪辜会谈遭到破坏。从此两会协商中断。

2000年陈水扁上台以后，两会协商始终没有恢复。

从大陆方面来说，一直重申"在一个中国原则基础上进行对话与谈判，实现双方高层互访"，"在一个中国的前提下，什么都可以谈"，还提出"三个可以谈"——正式结束敌对状态，台湾的国际空间，台湾当局的政治地位；"在'九二共识'的基础上尽速恢复平等协商"，"促进正式结束两岸敌对状态，达成和平协议，建构两岸关系和平稳定发展的架构，包括建立军事互信机制，避免两岸军事冲突"。

从台湾方面来说，民进党当局并不拒绝政治谈判，表示愿意"协商和平稳定的互动架构"、"建立军事互信机制"，形成"海峡行为准则"等等，但却极力否定一个中国原则，并提出各种的前提条件。例如，他们提出"可以不设前提，进行包括政治议题在内的全面性对话协商"，提出要承认"台湾是一个'主权独立的国家'"，乃至要大陆撤除飞弹、停止"外交打压"、废止《反分裂国家法》等等，这就是拒绝了"一个中国前提"，否定了一个中国原则，实际上也否定了政治谈判。

2008年马英九上台以后，中断了 复。

同年12月31日胡总书记的讲话再的基础上，协商正式结束敌对状态，达成和平协议，构建两岸关系和平发展框架，提出可以协商台湾参与国际组织活动问题，探讨在国家尚未统一的特殊情况下的政治关系。2009年11月胡总

书记又提出"双方也要为今后共同破解政治难题积极创造条件"。这表明大陆方面对政治谈判表示了积极的态度。

台湾方面的态度呢？马英九一当选就说，两岸还有很多经济议题要谈，恐怕未来三四年都谈不完，不会那么快谈及政治议题。后来又强调"先经济后政治"，表示近期不会谈和平协议问题。那么什么时候才可能谈呢？他说：2012年后不排除与大陆展开和平协议的政治协商，但也不是一定要去做。他还说，不会在4年或8年的任期内与大陆协商统一问题。他还提出政治谈判的前提是：第一，尊重台湾的民主体制；第二，不否认台湾的政治现实；第三，放弃预设的政治前提；第四，撤除针对台湾的飞弹。

此外，"陆委会"一再表示：两岸政治谈判的条件尚未成熟，没有急迫性也没有时间表。还有所谓"政治性对话三要件"的说法，即必须先完成ECFA与MOU签署，"国内达成共识"和"国际社会接受"三项"准备工作"。仅就"国内达成共识"这一项，要让民进党与国民党达成共识就不知道是哪年哪月的事了。

这时，大陆方面有学者强调谈判结束敌对状态、和平协议的条件已经成熟。台湾方面解读为"表达大陆对进入政治对话的急迫感"，开始向台湾"逼谈"政治议题了。但台湾有一些学者也认为两岸当局应当考虑协商政治议题，台湾应当积极因应做好政治协商的准备，认为"两岸政治关系一日得不到合理的安排，两岸关系就一日不能正常发展"。与此同时，台湾"陆委会"副主委赵建民则表示：两岸经济合作架构协议（ECFA）签署后，将与大陆谈撤飞弹问题。这一句话被媒体解释为：台湾当局首度明确表达，两岸签署ECFA之后可进入"安全议题"等的政治谈判，因此可以确定当局已规划两岸政治谈判的时间表。

那么，两岸对于政治谈判究竟准备好了没有？

台湾确实没有准备好。台湾民意多数要维持现状，不想过早进行政治谈判；现在民进党反对政治谈判，所以要取得岛内共识是办不到的；从马英九的上述言论也可以看出他不想谈，台湾学者指出马英九已经"明确地向北京表明目前没有政治对话的可能",也有人说"由于马英九先生有连任的压力,对于在什么时机正式举行政治协商,对马英九先生来说,一定会非常小心地处理"。

回顾这一段历史,我们可以看到一个吊诡的现象:民进党执政时还提出政治谈判议题,即使与大陆谈判,也不怕别人说他"亲中"、"卖台";国民党在野时并不回避政治对话,可是执政以后就怕政治谈判,最怕别人说他"亲中"、"卖台"。

不仅台湾没有准备好,大陆同样没有准备好。要谈什么?是先谈结束敌对状态,还是先谈和平协议,是先谈军事互信机制,还是先谈和平协议;要台湾承诺一定会走向统一才能签,还是只解决两岸和平发展,而不涉及和平统一;台湾要大陆承诺放弃使用武力,大陆是否准备答应;如果不能做到"不武",台湾能接受吗;台湾是否可能保证"不独"、摒弃"台独";要不要以一个中国原则、"九二共识"、"一中框架"为前提;能不能接受马英九提出的"撤除飞弹"为前提;谁与谁谈,谁与谁签,用什么名义签署才算有效。上述问题都还没有得出明确的答案,怎么能说已经准备好了呢?

既然两岸都还没有准备好,大陆会急于要政治谈判吗?台湾官方仔细研究了近期大陆方面的各种动态以后,得到一个结论:大陆高层相当了解台湾方面的处境,因而仍然遵循"先易后难,先经济后政治"的协商原则,近期内以两岸经济合作、文教交流为主,并未把政治协商提上日程,"毫未显露对启动两岸政治谈判的急躁态度"。有的大陆学者提出:在台湾经济没有根本好转之前,在台湾主流民意未形成有利于政治谈判气氛之前,暂缓推动敏感的政治议题谈判。香港媒体也看出两岸已经把政治议题"轻轻放下"。

由此可见,有些媒体只根据一些学者的言论,就认定大陆急于政治谈判的看法,显然是一种误判。

但是,双方都认识到两岸政治谈判迟早是要进行的,应当做好准备，"不失时机，顺势而为"。这就需要各自聚集内部共识，在正式的谈判之前，两岸民间的学界的或"第二轨道"的协商、研讨应当积极开展，可以先就政治谈判的程序性问题进行研讨。对于两岸已经提出的破解政治难题的方案，都应当采取鼓励的态度，并且给予充分的重视，有关谈判的前提、目标、签署者的名义等等，都可以分别进行专题研讨，开展充分的讨论，鼓励不同意见坦诚地争论，以求取得更多的共识，为两岸的正式的政治谈判做好准备。

从两岸步入和平发展的轨道，到两岸签署和平协议之间，似乎需要一个过渡或准备的过程，在这个过程中，两岸建构"信心建立措施"是可能的，也是两岸建立政治互信的必要，这是政治谈判不可缺少的准备工作。

走近两岸

博弈论可否应用于两岸关系？

博弈论是否可以应用于研究两岸关系？ 多年来我对这个问题做了一些探讨，分别提出以下几点看法：

第一，"零和博弈"。

早在 1993 年一次研讨会上，我就开始引用博弈论的一些原理，讨论两岸关系问题。当时学术界对博弈论还相当生疏，以至于我提出"零和"这一概念，有不少人问是什么意思。

当时在台湾对"非零和"的竞赛规则也不甚了解。1994 年 1 月我在台湾《联合报》上发表《非零和下的双边会谈》，批评当时有些台湾官员在双边会谈中仍然采取"零和"的态度，要自己全赢，对方全输，即要导致一方全胜（＋1）一方全败（−1）的零和 [1 ＋（−1）＝ 0] 结局。我指出，邓小平提出"你不吃掉我，我不吃掉你"就是"非零和"的观念，只是他不用"非零和"这个词而已。我认为两岸商谈至少要考虑两个原则，一是鼓励兼容性原则，只要求对方让步，自己不让步，就不符合这一原则；二是劣势战略原则，如果双方都采取优势战略原则，即对自己最有利的方案，会谈就谈不成。因此建议两岸在会谈中要从过去的零和转变到非零和，进而变为合作竞赛，互相合作，互相妥协，共同得利，才能双赢。

当年年底，我发表《现阶段两岸关系的性质与相处的若干原则》，再次讨论"非零和竞赛"问题。汪老看到那本刊物，对我和林劲写的两篇论文有兴趣，曾经叫我们二人去上海面谈。当时在场的著名学者陈启懋教授对我说，你用博弈论写文章，有些人还不容易接受，应当把它"翻译"成传统理论才好。可惜我没有这种能力。

在相当长时间内，两岸都采取"零和"的态度，不给对方善意的回应，针锋相对、剑拔弩张的情况经常出现。台湾方面对大陆的回应，常用词是"了无新意"、"企图施压"、"迫使让步"、"矮化台湾"、"恶意抨击"、"文攻武嚇"、"统战伎俩"、"鸭霸心态"、"口头吞并"、"政治陷阱"等等，而大陆方面对台湾的回应则多是"玩弄手法"、"颠倒黑白，混淆视听"、"不思悔改"、"不能得逞"、"强烈谴责"等等。两岸的"结"越拉越紧。

要宽容、包容、求同存异，要争取两岸双赢的结局，就必须有和谐思维、融合思维，这意味着应当摒弃斗争思维。斗争思维是一种零和思维，要在两岸关系中，一方吃掉另一方，这种思维是与和平发展的战略构想互不相容的，也不符合两岸人民的共同利益。

在这种情况下，我一直注意将博弈论运用于两岸关系研究。我认为博弈论已经广泛地应用于自然科学的研究，在经济学上的应用也很有成效，但政治问题则更加复杂，用数学来研究相当困难，但博弈论的原理，对于研究政治问题应当有借鉴作用，我们应当努力从中找到一些理论与策略，使它有助于打开两岸关系的症结。

第二，"一报还一报"。

在陈水扁当权时期，两岸关系处于僵局，我们坚持一个中国原则，台湾当局坚持自己是一个"主权国家"，双方都知道对方"坚持"的是什么，用博弈论的名词是双方处于"纳什均衡"状态，即非合作均衡，这时，双方都不会单独改变自己的策略。这就是说，要他们回到"一个中国"是不可能的，同样，要我们承认他是"主权国家"也是不可能的。

僵局的发展有两种可能，一是长期维持，最终出现"斗鸡博弈"，如果对方不后退，我们也不后退，结果两败俱伤；一是发生变化，双方采用"改良方法"，互相回应，这就可能出现转机。

当时对于处理两岸僵局，我考虑可以应用博弈论的"一报还一报"的策略。这是一个非常成功的策略，它不是打击对方、消灭对方，而是引导对方与自己合作。"一报还一报"策略认为，不管对方是合作还是背叛，都要给予回报：或是宽恕，或是惩罚。这样，对方就会发现应付"一报还一报"的最好方式就是与我们合作。

回应可以有两种：一是强硬的回应，一是善意的回应。前者，批判他不肯回到一个中国原则，不讲"九二共识"，没有诚意。写批判文章，语气尖锐，毫不留情，立场坚定，态度鲜明。结果是，对方认为他们不管怎么说，大陆反正都要给予否定、批判，于是，有些想对大陆表示善意的人就不愿意再说了，至于那些本来反对向大陆表示善意的人就更有借口了。对于对方的挑衅，进行适当的批判，本来是必要的，但长此以往，"以一个伤害对付另一个伤害"，就会结成冤仇，还可能导致双方"冲突升级"。博弈论认为这样的"永久报复""对自己的利益显得太严厉了"。

后者，采用"一报还一报"的策略，他既然有了回应，说话有些"松动"，总比不讲好，我们可以给予一定程度的善意回应。这样的回应有利于"激励合作"，双方合作总比双方背叛要好得多。博弈论还认为要摆脱对抗的局面，需要采用"改良方法"，就是要多一点宽容，即使对方还有挑衅性的语言，我们也应当"降低报复程度"，这样才有可能引出下一步的合作。

我认为从 2005 年的实践中可以看出，党中央的对台政策与"一报还一报"的策略是相吻合的。当对方有了一点善意时，我们给予"正面回应"；当对方表现出不友善的态度时，我们不急于做"针锋相对"的回应，而是在适当的时机和场合，表明或重申我方不可动摇的原则立场，并且一再表明我方对待两岸关系"敞开"的、包容的态度，使台湾当局和广大台湾同胞认识到与我们合作对台湾最有利。

在"纳什均衡"未解除之前，要想打破两岸的政治僵局是不

可能的。陈水扁为首的台湾当局没有与我们政治谈判的意愿，我们也不急于与他们谈。只要我们按照既定的方针，采取"争取对方与我方合作"的策略，扎扎实实地做台湾人民的工作，必定能够维护和平稳定的局面，在这个基础上，促使两岸人民增进理解、增进共识、增进互信，我相信两岸关系将会有良性的互动，并朝着有利于两岸人民的方向发展。

第三，"合作博弈"。

马英九上台以后，我开始关注"合作博弈"问题。在博弈的类型中，有合作博弈，也有非合作博弈。后者在博弈中双方采取不合作的态度，目的是要让自己取得最大的收益，即要战胜对方。而前者则是采取合作的方式，亦即妥协的方式，使得博弈双方的利益都有所增加。

从两岸各自的政治利益来看，大陆最大的利益在于：推动两岸关系和平发展，实现中华民族伟大复兴。台湾最大的利益在于：要安全，要繁荣，要尊严。两岸各自的利益目标都需要通过两岸的良性互动才能实现。因此，为了长远利益，为了共同利益，为了获得双赢的效果，在两岸关系和平发展的进程中，有必要选择合作博弈。尽管两岸都有开展合作博弈的意愿，但是，应当看到，两岸目前仍然处于尚未结束政治对立的状态，在政治问题上仍然存在不少分歧，在新形势下也还会出现一些新问题，如何面对这些分歧、解决有关争议，在两岸互动中就需要建立一些必要的新的游戏规则。因此，2009 年 4 月我写了《构建两岸互动的游戏规则》一文，提出了一些建设性的意见。

第四，有约束力的协议。

所谓游戏规则，应当是一个具有约束力的协议，而是否具有一个"有约束力的协议"，则是合作博弈与非合作博弈的重要区别。这就是说，两岸要形成良性的互动关系，签订一个有约束力的协议或游戏规则是不可少的。

在建立游戏规则或签订有约束力的协议时，"一报还一报"的策略仍然适用，其主要精神在于：要引导对方与我方合作。协议的具体内容可以根据需要来制定，也可以随着形势的发展进行修订，但有几个原则是要共同遵守的，那就是：要建立持久的合作关系，要互相回应，要自己得分也要让对方得分。

从"非零和博弈"到"一报还一报"，再到"合作博弈"、"有约束力的协议"，我在学习博弈论的过程中，认识到它是有助于处理两岸关系问题的一种理论。但我的知识与能力有限，研究得还十分皮毛。我希望有更多的学者加入"博弈论与两岸关系"的研究，更希望两岸相关部门能够主动地把"合作博弈"的理论应用于处理两岸关系。

最近台湾"陆委会"主委赖幸媛把两岸关系譬喻为"棋局"，她说：她所期待的两岸棋局最终结果，既不是一定要赢，也更不会是想输，而是和棋，为两岸带来永久的和平与稳定。我认为这种想法符合"合作博弈"的精神，应当给予善意的回应，表示鼓励与支持，并且给予必要的配合，共同推进两岸关系的和平发展。

两岸是否需要"同情的理解"？

在两岸交流的初期，很多大陆同胞认为两岸同文同种，大家都中国人，都是炎黄子孙，什么事都好解决，似乎只要认同民族大义，两岸统一很快就会实现。后来，发现两岸同胞之间在政治态度上有很大差异，再后来，发现有不少台湾同胞不讲自己是中国人了，于是就对和平统一失去信心。同样的，台湾同胞在两岸交流中也发现大陆同胞的很多看法与他们不同，他们也感到不理解。这是什么原因呢？

两岸长时间的隔离，社会制度不一样，经济制度不一样，特别是政治制度不一样，生活在不同环境下的两岸同胞，相互了解已不容易，要相互理解更加困难。我们认为是天经地义的事物，他们并不以为然，反之，他们认为理所当然的事，我们却无法理解。例如，我们认为两岸的统一是不容置疑的，而他们多数人则主张"维持现状"，不急于统一，这是广大大陆同胞难以理解的。实际上，两岸都有自己与对方不同的"特殊历史背景"，走过不同的道路，因而产生不同的心态。

要怎样克服这种互不理解的情况呢？显然促进互相理解是最重要的。怎样才能互相理解呢？我想到研究文化人类学的朋友，在研究不同文化、不同民族时所使用的"同情的理解"的观点与做法，即要设身处地为自己的研究对象着想，了解他们为什么会有这样的想法、做法，然后才能理解他们，从而做出正确的判断。

20 世纪 90 年代初，本院现任院长刘国深还是最年轻的研究人员时，我对他说：要学会用台湾人的眼睛去观察，用台湾人的心情去感受，才能做到真正了解台湾，了解台湾人在想什么。这就是我试图把"同情的理解"用于台湾研究的表示。

2002年底，我写了《需要"同情的理解"》一文，引用德国哲学家狄尔泰的主张："理解就是通过进入他人的内心世界，重新体验他人的心境，从而再现他人的内心体验和作品原意。"同时也引用我国著名历史学家陈寅恪类似的主张："所谓真了解者，必神游冥想，与立说之古人，处于同一境界，而对其所持论所以不得不如是之苦心孤诣，表一种之同情，始能批评其学说之是非得失，而无隔阂肤廓之论。"说明要把自己置身于研究对象所处的环境中，才能体验研究对象的思想感情。也就是说，要从对方的角度去理解他们的思想感情，要将心比心、设身处地，而不能以己度人，强求他人的看法要与自己一样。同时指出：同情的理解不等于同意，我们可以理解他们的心态，但我们不可能完全同意他们的看法。但有了"同情的理解"，就有助于化解敌意，消除疑虑，增进感情，顺利处理相互关系。

此后，我多次强调两岸之间需要有"同情的理解"，指出：钱其琛副总理2002年1月24日讲话中讲到台湾同胞"在特殊的历史背景下形成的复杂心态"，这是对于了解台湾民众的心态提出了更深层次的要求。可是，我们有不少干部不了解台湾民众的心态，更不了解他们为什么会有这样的心态，甚至根本不想去了解，而是要台湾民众无条件地接受我们的看法，这是开展对台工作的一大障碍。为此，我连续写了三篇论文，对台湾同胞在不同时期形成的政治心态，做了比较具体的介绍，试图让大陆同胞能够对台湾同胞的复杂心态有一个"同情的理解"。

我还曾提出，当前台湾民众最关心的是我们能不能以尊重、平等的态度对待他们。要讲同胞情谊，要尊重，不要恩赐，不要照顾，不要"宽大"。要平等，不要居高临下，不要"天朝心态"，不要教训人家。我们应当以同胞之间平等友好的态度，开展坦诚的交谈，摆事实，讲道理，针对台湾同胞存在的问题，尽

可能地给予正确的回答。既不隐瞒自己的原则立场，也不强加于人。2005 年又提出希望台湾同胞也能对大陆同胞采取"同情的理解"的态度。"希望台湾同胞更多地了解大陆。我想，双方都应当本着'同情的理解'的心态对待对方，应当'设身处地'，或者是'换位思考'，增进理解是增进共识、增进互信的前提。现在机遇之窗已经开启，期待着两岸的共同努力。"

在纪念抗日战争胜利 60 周年时，我写道：除了极少数亲日派以外，绝大多数台湾同胞和大陆同胞一样，都为抗日战争的胜利和台湾的光复作出了贡献或牺牲。在纪念抗日战争胜利 60 周年的时候，我们对于部分台湾同胞由于处境的不同，而产生的复杂心态，应当从特定的历史背景下进行考察。两岸同胞需要"同情的理解"，设身处地地了解对方，互相包容，一同向前看，逐渐凝聚共识，共谋祖国统一，振兴中华。

2005 年底，和平、和解、合作、双赢已经成为两岸中国人的主流意识，在这个条件下，如何深化两岸交流？我提出"五解"的建议，即了解、理解、谅解、化解、和解。从了解到理解，再到谅解、化解，最后到和解，这是深化两岸交流需要走的路，它可能是一个漫长的过程，但现在就要去做，有意识地去做，大家着手去做。这样，交流的成效就可能"上一个台阶"。后来我又强调，两岸有了和平稳定的共识，不等于已经消除政治上的歧见。要了解不相同的东西，甚至对立的东西，从而达到化解分歧，增进共识，产生和谐，这就需要双方付出更大的努力。所以，促进相互了解，应当是当前形势下，两岸同胞共同的任务，而"同情的理解"则是两岸能否做到互相了解的关键所在。

台湾学者林谷芳指出：要从对方的背景来个"同情的了解"。大陆同胞"了解了台湾的历史进程，祖国的爱就不需伴随着'你非如何做不可'的家长心态，因为那只会勾起某些人还耿耿于怀的心理幽微。同样，台湾同胞若能想想大陆所受的历史压迫比台湾更久，动乱比台湾更甚，何况割地的是清廷，并非百姓，也就不会将自己陷于悲剧性的情结中，不会再自怨自艾，心怀不平，以为中国对不起他"。我很赞成他的看法。我认为两岸的有效沟通，必须"通"在心上，为此互相之间必须以放心、诚心、善心、"换心"、耐心的态度，互相包容，共同走上和平发展的道路。

由于我一再强调两岸需要"同情的理解"，引起萧万长先生的注意。2007 年 5 月他还没有准备参与"大选"，他告诉我，他在博鳌论坛上，曾经向吴邦国委员长提到我写的《两岸僵局下的思考》，表示同意两岸之间要有"同情的理解"的观点，双方应当加深了解、理解，才能促进相互和解。

时至今日，两岸在"同情的理解"方面都做得不够，大陆同胞对台湾的情况以及台湾民意了解不够，同样的，台湾同胞对大陆的了解也相当有限，互相理解更加缺乏，两岸之间的隔阂、歧见还相当严重。因此，促进互相了解的工作十分重要。我认为两岸的驻点媒体都应当把沟通两岸作为首要任务，大陆对台研究部门与台湾研究大陆的部门也要承担普及两岸知识的任务。

让台湾同胞更深入地了解大陆，让大陆同胞更深入地认识台湾。希望两岸当局能够有组织、有领导地开展这项工作。

"本土化模式"的尝试

我曾经尝试用"省籍—族群—本土化模式"作为一种宏观架构与简化方式,用于研究当代台湾的政治问题。

所谓"省籍"、"族群"、"本土化"都是当代台湾社会矛盾所产生的一些概念,简单地说,本省人与外省人的矛盾是近几十年来台湾社会的一个重要特点,随着时代的进展,台湾政治生态本土化的趋势逐步强化。

所谓"本土化",有广义与狭义两种解释,在这里,用狭义的解释,即当地居民在主体性意识提升的条件下,争取本地人在官员与民意代表中占多数职位、主要职位与最高职位。这个趋势从蒋经国后期就已经开始,在李登辉、陈水扁时期有了更大的发展。

通过研究,可以得出以下看法:

第一,省籍、族群关系有其形成、演变的过程,本土化是一个必然的趋势,是不可逆转的趋势。

第二,本省人与外省人的划分,与籍贯有关,但籍贯不是唯一标准,个人的"自我认定"是一个重要因素。

第三,本省人与外省人在日常生活中并不存在很大的隔阂与冲突,但在政治问题上、在选举时则可能显现出来。

第四,本省人强烈要求当家作主,要求参与政治,改变长期以来外省人主导台湾政治的局面;外省人作为台湾社会的一员,要争取参与政治的权利,维护族群的利益。

第五,本省人与外省人与"政党支持"有关,但情况正在发生变化。

第六，本土化从维护本省居民的政治权益的民主要求，正在转变为本土与非本土势力政治斗争的工具。

第七，本土化是一个"双面刃"，既有当家作主的正当性，也有对台湾政治发生负面的影响，并导致"国家认同"冲突与走向"台独"分裂的危险性。

以上就是"本土化模式"的要点，以这个模式来解释台湾政治现实，可以得到某些验证。

例如，民进党、新党、亲民党与"台联党"的诞生都与"本土化"有关，国民党被称为"外省党"，因而不得不朝本土化方向"改造"，与民进党争夺本土资源。

又如，国民党内部主流派与非主流派矛盾的发展进程，也体现出本土化过程的斗争；民进党在选举中极力突显其本土色彩，以争取本土力量的支持；在选举过程中，国民党与民进党之争的关键，可以简化为争夺本省籍中间选民之争。

此外，1960 年的《自由中国》事件、1979 年美丽岛事件、"中央民意代表"的改选、"新台湾人"的提出、唐飞与张俊雄的上台、2002 年"'立法院'龙头"的选举都可以用"本土化"模式加以验证。

在这基础上，我对台湾政治的发展提出几点预测，准备接受历史的检验。

第一，台湾将出现两个主要立足于本土的政党对抗的局面。

第二，外省籍"立委"将继续减少。

第三，2002 年台北、高雄市长选举，外省籍人士将获得一席，但那是最后一次，此后将不再由外省人担任了。

第四，2004 年是外省精英争夺"总统"的最后机会。

经过实践检验，第一、第二是正确的，第三点则是错误的，因为 2006 年外省人郝龙斌当上了台北市长，第四点也是错误的，因为 2008 年外省人马英九当上了"总统"。

之所以发生错误，是因为上述预测没有办法考虑到一些"可

变因素"，预测者只估计到大的趋势，而没有能力考虑到更细、更深的层次。应当说，本土化因素在台湾选举中仍然会发挥一定的作用，但选民并非都从这个角度出发，在上述两次选举中，候选人因素起了重大作用。也可以说，"省籍、族群、本土化"因素的影响力有下降的趋势，台湾民众力图摆脱"省籍对立"的煽动，更加理性地对待选举。

通过以上检验，我的看法是：

由于台湾的本土化趋势不可逆转，本土化模式仍然可以作为研究台湾政治的一种思考框架与简化方式。

今后的趋势可能是：

第一，原有的本省人与外省人之分，可能随着时代的发展逐渐淡化，本土认同则必然更加深化，占人口大多数的台湾本省人在台湾政治生态中占有主导地位的局面必将出现。台湾民众要求当家作主的意愿得到实现。

第二，本土认同存在两个可能的走向，一是本土认同不排斥中国认同，愿意走两岸关系和平发展的道路；二是本土认同排斥中国认同，走向分裂。两种不同的走向，关系到台湾的前途，也关系到整个中国的前途，是两岸同胞必须密切关注的头等大事。

图书在版编目(CIP)数据

走近两岸/陈孔立著. —厦门:厦门大学出版社,2011.9
ISBN 978-7-5615-3924-8

Ⅰ.①走… Ⅱ.①陈… Ⅲ.①台湾问题-研究 Ⅳ.①D618

中国版本图书馆 CIP 数据核字(2011)第 164716 号

厦门大学出版社出版发行

(地址:厦门市软件园二期望海路 39 号 邮编:361008)

http://www.xmupress.com

xmup @ public. xm. fj. cn

厦门集大印刷厂印刷

2011 年 9 月第 1 版 2011 年 9 月第 1 次印刷

开本:787×1092 1/16 印张:17 插页:3

字数:218 千字 印数:1～3 000 册

定价:55.00 元

本书如有印装质量问题请直接寄承印厂调换